顾问：李学勤 罗哲文 俞伟超 曾宪通 彭卿云

群雄逐鹿

天下

李默／主编

中华文明是人类历史上最伟大的文明之一，是人类文明发展的主要构成。中华文明丰富、深刻、辉煌、博大，在人类文明中的骨干作用和领导作用人所共知。在人类文明的发源时期，中华文明就是四大古文明之一，是地球上文化的策源地之一。

广东旅游出版社
GUANGDONG TRAVEL & TOURISM PRESS
抚读书·悦旅行·悦享人生

中国·广州

图书在版编目（CIP）数据

群雄逐鹿天下 / 李默主编 . — 广州 : 广东旅游出
版社 , 2013.1（2024.8 重印）
　ISBN 978-7-80766-421-5

　Ⅰ . ①群… Ⅱ . ①李… Ⅲ . ①中国历史—战国时代—
通俗读物 Ⅳ . ① K231.09

中国版本图书馆 CIP 数据核字 (2012) 第 257535 号

出 版 人：刘志松
总 策 划：李　默
责任编辑：张晶晶　黎　娜
装帧设计：盛世书香工作室　腾飞文化
责任校对：李瑞苑
责任技编：冼志良

群雄逐鹿天下
QUN XIONG ZHU LU TIAN XIA

广东旅游出版社出版发行
（广东省广州市荔湾区沙面北街 71 号首、二层）
邮编：510130
电话：020-87347732（总编室）　020-87348887（销售热线）
投稿邮箱：2026542779@qq.com
印刷：三河市嵩川印刷有限公司
　　　（河北省廊坊市三河市杨庄镇肖庄子村）
开本：650×920mm　16 开
字数：105 千字
印张：10
版次：2013 年 1 月第 1 版
印次：2024 年 8 月第 3 次印刷
定价：45.80 元

出版者识

　　《话说中华文明》是一部全景式图文并茂记录中国文明历史的大书。出版者穷数年之力，会集各方力量——专家、学者、编辑、学术顾问们，在浩如烟海的历史档案、资料、著作中，探珍问宝，追寻中华文明在悠悠历史长河中的灿烂之光。此书的出版，凝聚了编撰者的心血，学术顾问们的智慧。尤其是李学勤先生，亲自动笔写下了序言，更增加了本书沉甸甸的分量。

　　中华文明的历史充满了辉煌与苦难，成就和挫折。它的历史无处不在，决定着我们中国人今天的思想和感情。当今的中国和中国人是中华文明的历史造就的，是中华文明的历史的延伸，也是它的一个组成部分，中华文明的历史之河奔流到现在。

　　中华文明是人类历史上最伟大的文明之一，是人类文明发展的主要构成。中华文明丰富、深刻、辉煌、博大，在人类文明中的骨干作用和领导作用人所共知。在人类文明的发源时期，中国就是四大古国之一，是地球上文化的策源地之一。在人类文明的早期，中华文明成为文明在东方的支柱，公元前后200年间，人类的汉帝国与罗马帝国这两只铁手攫住了地球。在欧洲进入中世纪的时候，中华文明更成为人类文明最主要的领导，它的文明统治东亚，传遍世界。进入近代，中华文明处于自身的重压和西方的欺凌下，但中国人民的斗争史和奋起精神是人类文明历史中不可缺少的一页。

　　五千年的中华文明为人类贡献出了从思想家孔子到科学技术的四大发明、从唐诗宋词到长城运河的伟大创造，贡献出了从诸子百家到宋明理学，从商周铜器到明清文学的深刻内涵，也贡献出了从五霸七强到三国纷争、从文景之治到十大武功的辉煌历史。中华文明的历史绚烂多彩，在人类文明的历史长河中永放光芒。

　　中华文明也是人类历史上最独特的文明，没有哪一个文明像中华文明这样持久，这样统一一致。世界上其他文明不但互相交错，其创造者也都与高加索体质的人种有关，它们是姐妹文明。在人类历史中，只有中华文明才是独特的，它的创造者是中国土地上的中国人民，与其他任何地方的人民都没有关系，它的文化是统一一致的文化，可以不依赖于其他任何文明而生存，但中华文明也绝不是封闭的，它接受他人的文化，也承担自己对于人类的责任。

　　人类进入新世纪，中国的社会经济发展令世人瞩目。人们对于世界未来的政治和经济结构的估计无不以东亚和太平洋为中心，而尤以中国为重点。

　　经济起飞只是当代中国的一个方面，中国的精神文明的建设尤为刻不容缓。如果中国要自觉地发展中华文明，要有意识地使中国的发展具有世界意义，就必须发展强有力的精神文化，这样才能使中华文明的发展进入一个新的阶段，才能形成中国和中华文明的全面现代化。

而中国的精神文化的发展植根于中华文明的伟大传统之中。进入近代之后，在西方文化的冲击下，对于中国文化的价值产生大量的情绪化和激烈冲突的论调。"五四"运动打倒孔家店的口号具有冲破封建束缚的时代意义，对中国文化的发展有不容否认的正面意义，与文化虚无主义是完全不同的。文化虚无主义者否定中国传统文化，在现代化的旗帜下主张全盘西化；而复古主义则沉迷于中国文化的古董，走进反进步、反科学的泥潭。

历史的发展则超越了所有这些论点，产生这些论调的一百多年来的中国近代史已经结束。历史要求中国发展，要求中国走在全世界发展的前列。西化论和复古论都已过时，历史已经要求世界超越西方，中国可以承担起世界的命运，而中国的现实和世界的历史都说明，中国的使命在于它的发展前进，而非倒退。

中华文明走出迷惘的时代，我们这一代处在一个伟大而具有挑战的历史阶段。

总结历史、展望未来，这就是《话说中华文明》的意义和使命。我们创作《话说中华文明》，力求总结和回顾中华文明的全貌，在内容和形式上都开创一个新的局面。在内容结构上，既具有一定的深度，又具有相当的广博性，既有严谨、准确的学术价值，又有活泼、流畅的可读性。我们在本丛书内容纳了中华文明的各个方面，使它综合了大规模学术著作的系统性、严密性和普及读物的全面性、简易性，它既可作为大型工具书检索中华文明的各个成分，又可作为通俗的读物进行浏览。

我们从上世纪90年代初起就开始思考中华文明的历史和现实问题，并逐渐形成了编著《话说中华文明》的设想。在开展这项庞大的文化工程之始，我们就聘请了国内权威学者李学勤、罗哲文、俞伟超、曾宪通、彭卿云诸先生担任学术顾问，他们对计划作了充分讨论，并审阅了大量初稿。我们聘请了广州、香港地区的社会科学学者、大学教师、研究生以及我社编辑人员几十人担任稿件的撰写工作。

通过创作这部书，我们深深地感受到了中华文明的博大精深，也感受到了它的内在缺陷。中华文明具有辉煌的时期，也有苦难的年代，有它灿烂的成就，也有其不足的方面。中华文明在自身中能够吸取充分的经验和教训，就能够使自身健康壮大，成长发展。

通过创作这部书，我们也深深感受到了出版事业的使命和重任。我们希望这部书能受到广大读者的喜爱，起到它所应当起的作用。为中华文明的反省、前进和奋起作一点贡献。

目 录

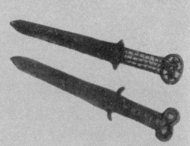

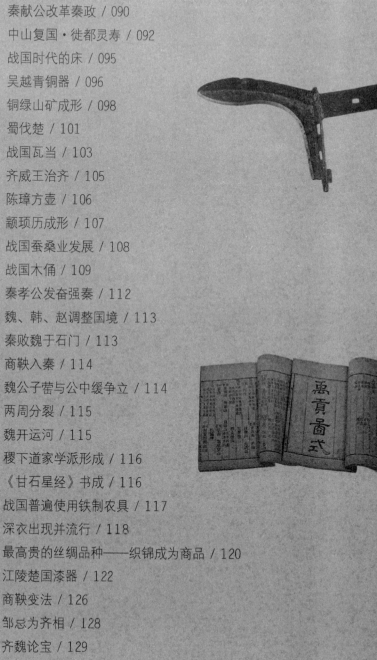

群雄逐鹿天下

战国

群雄逐鹿天下

479 ~ 471 B.C.

战国

479 B.C. 周敬王四十一年

四月，己丑，孔丘卒。

鲁哀公作诔文悼念孔子，为后世诔文之始。

478 B.C. 周敬王四十二年

三月，越败吴于笠泽。

十月，晋攻卫，逐庄公而立公孙般师，卫与晋和。晋师还，庄公复入于卫，为己氏所杀。

鲁改孔子故宅三间为庙，岁时奉祀，是为孔庙之始。

卫庄公见己氏之妻发美，使髡之作为妻吕姜的假发，则春秋时假发已为美容手段。

477 B.C. 周敬王四十三年

春，巴人攻楚，围鄾，楚师败。

卫石圃逐卫君起，起奔齐；卫侯辄自齐复归卫，逐石圃。

476 B.C. 周元王元年

《夏小正》传为夏代历书。其成书年代众说纷纭，然至迟春秋时已有此书。以十二个月为顺序，分别记述每月中的天文、气象、物候及所应从事的农事和政事。

科技文献《考工记》约为春秋时期记录手工业技术的官书。

春秋末年，晋赵简子有力士少室周与牛谈为角力戏，是技巧兼体力的竞赛，相当于后世相扑或摔跤。

弩最初出现于春秋后期的楚国。

474 B.C. 周元王三年

五月，越聘鲁，始通于中原诸国。

473 B.C. 周元王四年

十一月，越灭吴，吴王夫差自杀。

越大夫范蠡去越，越杀其大夫文种。

越王致贡于周，周元王使人赐勾践胙，命为伯（诸侯之长）。越以淮土地与楚，归吴所侵宋地于宋，以泗东地与鲁，越遂霸诸侯。

472 B.C. 周元王五年

六月，晋荀瑶（知伯）攻齐，败齐高元师于犁丘。

八月，鲁侯使叔青聘越，越使诸鞅赴鲁报聘。

479 B.C.

波斯人占领并毁坏巴比伦。

477 B.C.

印度前佛教改革者筏驮摩那卒。

470 B.C.

雅典哲学家苏格拉底生。

《春秋》纪事结束战国时代开始

《春秋》为我国最早一部编年史著作，其记事上起鲁隐公元年（前722），下迄鲁哀公十六年。其中鲁哀公十四年（前481）以前据传为孔丘据鲁史改编而成，以后两年为其门人续作。《春秋》以鲁十二君（隐、桓、庄、闵、僖、文、宣、成、襄、昭、定、哀）纪年，共记244年史事。

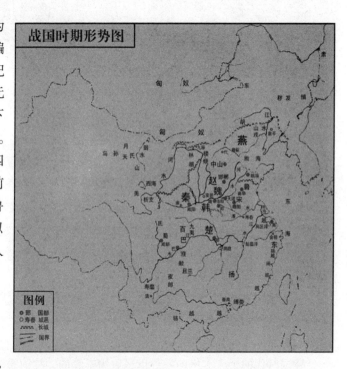

战国时期形势图

进入战国时代之后，中国文明在行为、生活方式、科学与艺术形象上更加丰满、深刻，也具有更多的联系性。

表现在政治上，在这一时期中，战国七国确定了形象，战争主要以联盟，而不是以个体的方式进行，各地域人民的性格开始定型，它们的分化组合构成主要的政治格局。

三家分晋一般被作为战国文明进入战国时代的标志，这是战国文明前期最后一次重要分化，在这以后就只有兼并了。春秋战国时代的兼并形成了战国后期七个主要国家并立的局面。它们之间的战争和联盟是中国在那个时代的主要内容。

春秋以来的个体化发展使得七国人发展出了各自不同的性格。秦人具有边远游牧民族朴实、坚强、重实利的性格，他们的耕战使得他们力量最为强大。另一方面，他们却是最正统的中国人，他们的文字风格继承了西周的标准字体，他们的石鼓文保持了周代诗歌的风色。他们有实干精神、坚毅品格，但文明创造力的缺乏是突出的。

楚人带有一些边远民族的特色，但更多的是诡异、华丽和神秘的南方色彩，楚国人的绘画、神秘宗教以及楚国的诗歌都是如此。中国的神话和占星、巫术主要来源于楚和南方各民族。但那时的楚人和晋东渡以后的江南人的柔媚毫无关系，他们多的是壮烈、奇谲的色彩。

齐鲁由古代文化中心变为一个没落的小国，有一股破没户的味道，与伯罗奔尼撒战争后的雅典近似，教养高而意志消沉，它培养了稷下学派。

燕赵自古多壮士，但它的壮士是古典的，英雄主义的，根本无法抵挡军国主义的和高度组织化的平庸的秦国士兵，正像浪漫主义悲剧英雄项羽不能战胜精明的政客刘邦。潇潇易水河畔的悲歌只能使后人徒然叹息。

中原各国在很多方面继承了东周的遗产，有一种中央意识，但也更多的是机会主义，在夹缝中左支右绌。

战国时代的政治仍是各国之间的征战，但出现了联合的明显趋势。合纵、连横就是其中的显著代表，联盟作战有了比春秋松散联盟更重要的意义，并最终走向统一。

战国时代的个人人格的发展也是更为丰满的，战国军事家、政治家、说士纵横于政治舞台上，商鞅、伍员、子路、屈原、聂政、荆柯、项羽、田横……都用自己的人格发展并为我们展示了人的生命。

勾践灭吴·夫差自杀

　　前494年，吴败越后，越王勾践卧薪尝胆，抚恤国民，寻机报仇。前482年，夫差在黄池(今河南封丘南)会集北方诸侯，把精锐部队带走，只留下老弱留守。越国趁机发兵五万多进攻吴国，大败吴军，杀吴王太子。夫差收到报告后，请人以厚礼向越请求和解。越王觉得现在还没有力量灭吴，就答应了请求。四年之后，越国更强大，而吴国因为连年征战，精锐人马多死在齐、晋，士兵和人民都十分疲惫。越王勾践率兵讨伐吴国，大败吴军于笠泽（今江苏苏州南）。前476年，越再次伐吴，越军围吴国三年，吴军被击败。越军将夫

战国武士靴形钺。器作靴形，平刃，銎为椭圆形，銎侧有一环钮。正面一绳索圈内铸一人。在其左右有一些不知名图案。背面有六人。图案与纹饰具有春秋战国时期南方越族文化的鲜明特点。

群雄逐鹿天下

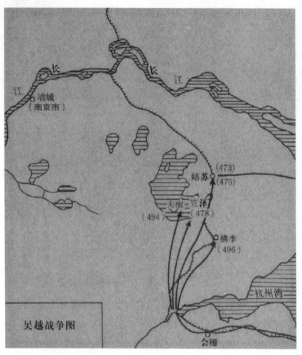

吴越战争图

差困在姑苏山（今江苏苏州西南）。夫差派公孙雄肉袒膝行请求和解，而勾践不许。越灭吴后，越王勾践请吴王夫差到甬东（今浙江舟山岛普陀北）居住，并给他三百夫妇，使他可以终老，夫差拒而自杀，临死前遮住面，说无颜见伍子胥。

前473年，越灭吴后，勾践率兵北渡淮水，与齐、晋等诸侯会于徐州（今山东微山东北），向周进贡。周元王派人赐胙，并封勾践为伯。越成为当时大霸。

者汈钟

春秋时代越国勾践王器物。河南省洛阳金村古墓出土，传世共12枚。全篇铭92字。钟大者分铸于两枚，钟较小者分铸于四枚。第一枚高25.3厘米，舞纵10.1厘米，舞横14.2厘米，鼓间12厘米，铣间15.9厘米。

铭文大意是：越王勾践十九年，

者汈钟铭文

勾践王对大夫者汭说道："你能虔敬地保持着大家都应遵守的道德，能够光大辅佐于我，使我能昭示于后世。抵御诸乱礼之事，以敬重光大朕之王位。我将命人将训辞明著于钟之上。你平安长寿，不应有不宜之举措而造成不当，好好保持你的品德，让你的子孙永远得福。"由于钟铭残泐过甚，很多句子文义不清。者汭钟所用的是吴越文字，富于线条装饰性，形体优美。

范蠡退隐

范蠡，楚国宛（今河南南阳）人，字少伯，是越王勾践成就霸业的主要谋士，殚精竭虑事奉勾践20多年。勾践用其计谋，灭吴，会诸侯尊周，最终成就霸业。相传范蠡献计将美女西施献给吴王夫差，使其耽于美色之中，越由此灭吴。勾践成霸业后，尊范蠡为上将军。范蠡以为大名之下，以久居，认为勾践可与同患难，难以共安乐，于是不顾勾践挽留而装其珍宝珠玉，与随从乘船从海上离开越国。相传与他一起离越的还有美女西施。

范蠡像

范蠡沿海飘流，到了齐国，从齐国寄书给勾践的另一位谋士种，说："飞鸟尽，良弓藏；狡兔死，走狗烹"，越王为人挑剔，可共患难不可同享乐，你为什么不离去呢？种收书后诈病不上朝。有人向勾践说种是想作乱，勾践

群雄逐鹿天下

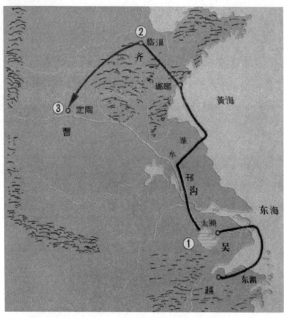

范蠡游徒江湖，曾作三迁。

于是赐种剑，种自杀。

范蠡到齐后，埋名隐姓，自称鸱夷子皮，父子治生产有方，不长时间就家产数十万。齐国人听闻他很有才能，就请他出任宰相。范蠡以"久受尊命，不详"为理由辞去相位，尽散家财给朋友、邻里和乡党，只带少量重要的宝物离去，至天下交通要冲陶（今山东定陶北），留居经商，自号陶朱公，成为传说中春秋战国时代中国最大的财神，积聚了资财巨万，被后世人奉为财神。

孔子逝世

周敬王四十一年（前479）四月十一日，孔子逝世，享年七十二岁。鲁哀公作诔文悼念孔子，开后世诔文之先河。孔子的门徒服丧三年，而子贡则在墓冢旁建房而居，六年之后才离去。因为孔子弟子及鲁国人在孔子墓附近聚居，所以墓地一带就叫孔里。

孔子在浓厚的礼乐文化氛围中长大，加之他勤奋聪慧，少时已掌握礼、乐、射、御、书、数等方面的知识，以好礼而闻名于鲁国，并曾专程到周向老子请教礼仪。

孔子少时贫贱，前半生热衷政治，曾作季氏小吏。鲁昭公二十五年（前

517），孔子在齐高昭子家作家臣，后来又回到鲁国，聚集门徒讲学，门徒日增。鲁定公时，孔子曾出任中都宰、司空、大司寇官职。前500年，他随定公在夹谷会见齐景公。前497年，孔子想伸张国君的权利而堕三都，但由于孔子本质上是个文人，他的政治主张多是理想化的，不切合实际，堕三都以失败告终。前496年，孔子摄行相事，执政两月使鲁国大治。后因不满鲁国当权的季氏的作为，弃官离鲁，带领弟子周游卫、陈、宋、郑、蔡、楚等国，多次遇险。孔子四处游说，但终不见用。前487年，孔子回到鲁国。

晚年的孔子不再求仕，自称"不怨天，不尤人，下学而上达"，闭门治学，潜心研究礼仪。他与弟子整理古籍，评论时事人物。

孔子行教图。孔子"有教无类"与"因材施教"的教育思想，在中国的历史长廊里永放光芒。图为唐吴道子所作《先师孔子行教像》碑。

传说作《书传》、《礼传》，为《易》作《彖辞》、《象辞》、《系辞》、《序卦》、《说卦》、《杂卦》、《文言》（人称《十翼》）；删减《诗》三千多篇为三百零五篇；整理《春秋》，使文辞简约而内寓褒贬；正乐，成六艺以备王道。孔子的主张虽然不被当时的君主所采用，影响却很是深远。他门下弟子三千，孔子以文、行、忠、信教诲他们，身通六艺有七十二人。

孔门弟子守丧。孔子离世后，弟子们守丧三年（明无名氏《圣迹图》），表示守礼和尊奉先师。

群雄逐鹿天下

孔子信天道、天命，乃至鬼神，但他却少谈或不谈它们。在严格意义上把孔子作为哲学家是愚蠢的，但是，在严格的意义上不把他作为哲学家也是无知的。他并没有建立天道、自然的本位论学说，而是采取存而不论的态度，也就是在哲学上对天道和传统采取中止判断的手法。

在此基础上就是中止判断后重建的行为（他自称不是生而知之，必须学，就是这个意思），他的行为哲学的本质就是一种大同思想：将对象无区别地纳入自身，不断更新的大同就是"日新"。在伦理上，他认为人性大同，不应区别对待，他的仁（爱人）的核心是恕：恕是真正的、无区别的爱，他不是三纲五常伦理的提出者，他的礼多半指的是文明（在这一点上是矛盾的，他确实区别了社会等级，但也说过礼不是它们）。在教育上，他的方法是有教无类。在政治上，他提倡天下为公的大同社会。

孔子的伦理、社会思想在很多地方都是不统一乃至矛盾的，但是他的大同精神、日新精神和存而不问但求进取的精神却是战国文明的主导精神。

孔子的仁兴于诗、立于礼、成于乐的思想就是美的功用的分析（诗言志，因此仁成于意志，立于有别，成于和）。再结合其兴、观、群、怨说，就可以说，孔子的学说主要的是分析美和艺术对于个人和社会的功用。但是，无可置疑，从他的言辞和儒家对于音乐、和的使用和推崇来看，他接受了关于和的基本理论，这是其大同哲学的一个来源。

他关于尽善与尽美、文质两全以及中庸等审美标准的热衷对后代产生了很大影响。

孔子的道德学说与春秋道德思想有联系。春秋人从西周的天道观下的德中解脱出来，以德作为政治、行为的规范，对于义、信、仁、忠等范畴从个人的角度进行规范，这是战国道德思想的发生。孔子完成了春秋的道

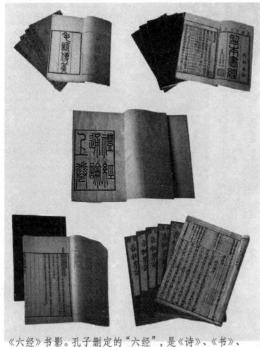

《六经》书影。孔子删定的"六经"，是《诗》、《书》、《礼》、《易》、《乐》、《春秋》六书。其中除《乐》原书不存外，其余五经尚存。图为后人辑注的《毛诗传笺》、《书经》、《礼经通论》、《虞氏易》、《春秋集语》。

德思想，从无本体（无天、无神）的纯人文角度设立了道德。

孔子的仁是社会道德的代名词，他的周礼是虚的，"人而不仁如礼何"，"礼云礼云，玉帛云乎哉"。因而他以仁为中心，以大同的恕为核心建立了仁的规范（中庸也与恕有关），并将仁与礼、义、智、勇、信等联系起来成为一个规范体系，与"性相近习相远"的观点相关，他提出了道德渐成和修养的学说。孔子是真正的伦理思想家。

战国

群雄逐鹿天下

469 B.C. 周元王八年

宋景公卒，大尹立公子启，六卿逐启，而立公子得，是为昭公。

468 B.C. 周定王元年

八月，鲁哀公为三桓所逼，出奔越。

458 B.C. 周定王十一年

晋荀瑶与赵氏、韩氏分范、中行氏之地以为己邑，晋出公怒，诉于齐、鲁，欲伐之。

四卿反攻出公，出公奔齐，道死。荀瑶立昭公曾孙骄，是为哀公，荀瑶专国政。

457 B.C. 周定王十二年

晋荀瑶袭卫不克。晋荀瑶伐中山。

456 B.C. 周定王十三年

卫出公卒，出公季父黔攻出公子而自立，是为悼公。

455 B.C. 周定王十四年

晋荀瑶与魏驹、韩虎攻赵无恤，围晋阳。

郑人杀哀公而立声公弟丑，是为共公。

453 B.C. 周定王十六年

晋荀瑶率韩、魏之师围晋阳，三年不能拔，乃决晋水灌之。

赵无恤约韩驹、韩虎反攻荀瑶，灭之，杀荀瑶，三分其地。

451 B.C. 周定王十八年

十月，宋景公卒，宋公子特攻杀太子而自立，是为昭公。

460 B.C.

哲学家德谟克里特约生于是年。

历史家修昔的底斯生于希腊之色雷斯（前460～前395）。撰写《伯罗奔尼撒战争史》，与希罗多德之《希波战争史》同为希腊最著名之史学著作。

458 B.C.

雅典两次击败科林斯、依吉那之联合舰队，沉敌舰七十余艘，雅典声威大著。

451 B.C.

雅典开始重建庙宇。

罗马颁布十二铜表法。

450 B.C.

希腊著名喜剧作家阿里斯多芬生（前450～前388）。

伯里克利鼎盛时期：哲学家阿那克萨戈拉斯、普罗塔哥拉、恩贝多克利和苏格拉底，悲剧诗人索福克利斯和幼里庇底斯；喜剧作家克拉泰斯、克拉蒂努斯和阿里斯托芬；历史学家修昔的底斯、希罗多德和赞瑟斯。

晋大夫侯马盟誓

　　"盟书"是春秋战国时代各诸侯国或卿大夫之间订立盟誓中所记录的言辞，又称"载书"。1965 年，在山西侯马晋国遗址，出土了大量春秋晚期晋国的盟书，总数多达五千余件，其中文字清晰可辨的有六百五十余件。盟书文字为毛笔书写，字迹为朱红色，少数为墨色。所用材料分石和玉两种。石质的形体以圭形为主，最大的长 32 厘米，宽 3.8 厘米，厚 0.9 厘米。小型的一般长 18 厘米，宽不到 2 厘米，厚 0.2 厘米。石质圭片共三千余片。玉质的形体较小，最大的玉圭相当于石质小圭。

　　侯马盟书内容所涉及的历史事件基本发生在春秋晚期，盟书记载的主盟人为赵孟。盟书的内容从性质上可归纳为六类：

侯马盟书

　　"宗盟"类：这是同姓同宗的人参加的盟誓，内容多为强调与盟者必须遵守盟约，敬奉祖先，一致对敌。

　　"委质"类：这是从敌对阵营里分化出来的一些人对新盟主所立的誓约，

表示与旧营垒决裂，把自己献身给新的主君。

"纳室"类：内容为参盟人发誓自己不"纳金"，即不得把别人的财产、奴隶据为己有，而且也要反对和声讨宗族兄弟们中间的"纳室"行为。

"诅咒"类：内容为对既犯的罪行加以诅咒与谴责，使其受到神明的惩处。

"卜筮"类：这是明誓中有关卜筮的一些纪录，不是正式盟书。

其他：少数残碎盟书，内容特殊，但辞句支离，难以索解其意。

盟书内容表明，当时赵氏宗族之间有一场大的流血斗争，主盟者赵孟以盟誓的方式，加强内部团结，分化瓦解敌对阵营，打击邯郸赵氏等政敌。同时盟书给我们提供了许多文献中以见到的珍贵史料，对研究春秋战国时代的社会变革具有很重要的意义。

侯马盟书在中国文字、书法史上也占有重要地位。盟书文字型体多样，结构严谨，用笔富于变化，笔致舒展而有韵律，且是当时用笔书写文字的完整篇章。

技术发明家公输般

公输般是春秋战国之际鲁国人，又叫鲁班，是著名的应用技术发明家，他的事迹在《墨子》、《礼记》和《战国策》等古典文献中均有记载。

据《墨子·公输》记载，云梯就是公输盘发明的。楚惠王欲攻宋，但面对宋坚固的城池却一筹莫展，因为找不到一种有效的攻城器械。楚于是聘请公输般，发明了克敌制胜的器具——云梯。公输般的这一发明，将中国古代战

公输般像

战国前期斗拱形建筑构件。状如斗拱臂，中空。拱头呈方斗形，末端的一侧面设有锯齿，拱头顶面及四立面均作镂空夔纹。拱臂以绳索纹为地，加饰突起的夔纹。应是箍套于建筑木构件上，兼实用与装饰为一体。

争技术推进到一个新时代。公输般发明了磨粉的硙（即石磨），改变了传统的磨粉方式。对于木工工具的改进和发明，他作出了特别重要的贡献，相传刨、钻等工具都是他发明的。他曾用竹片和木制成了一种能在天上连续飞行3天的飞鹊，并为其母制造了一辆由木制的人驾御的、结构精巧的木车马。

公输般的杰出成就使他成为中国应用技术的祖师，直至今天，农村木匠在建房时还要纪念他。

韩赵魏三家灭知氏分晋

早在晋平公、晋昭公的时代，晋君就已经为大臣们所左右，逐渐形成了政出大夫家门的局面。战国早期，晋国卿大夫势力以知氏最强。知氏曾经率晋国势力颇大的赵、韩、魏三卿，攻灭范氏和中行氏。周定王十四年（前455）知瑶向韩索取土地，韩康子听从臣下建议，派使臣将万家之邑送给知氏。知瑶又索地于魏，魏宣子根据"欲擒故纵，欲取故与"的原则，也使人

战国前期络纹罍。盛酒器。全器以极细的蟠虺纹为地，并浮雕套结状的络纹，是三晋青铜器上盛行的纹样。

将万家之邑送给知氏。知瑶连连得手，便愈来愈骄横，就派人索地于赵，指名要赵将蔡和皋狼两地送给知氏。赵襄子拒绝了知氏的勒索，知瑶大怒，遂率韩、魏的军队征伐赵。赵襄子寡不敌众，便逃奔到晋阳固守抵御。知瑶遂率大军围困晋阳。从周定王十四年到周定王十六年（前453），三家军队围困晋阳前后3年，并引汾水灌晋阳城，水

势浩大，只余三版高的城墙未被水淹。晋阳城中悬釜而炊，巢居而处，易子而食，士卒疲病，形势十分危急。赵无恤感到害怕，遂派其相张孟谈出城，夜会韩、魏之君，晓以唇亡齿寒之理，说："现在知伯正统帅攻伐赵国，赵国将灭亡，赵亡后就轮到你们两位了。"韩、魏与赵遂联合共同对付知氏。赵、韩、魏三家大败知氏军队，擒杀知瑶。其地为赵、韩、魏瓜分。三家灭知氏以后，晋国大权由三家执掌，晋君反而要朝见赵、魏、韩之君。"三家分晋"的局面正式形成。同年，知瑶家臣豫让为报仇而谋刺赵无恤，未遂被捕。后来，他求得赵无恤的衣服，拔剑击衣后自杀。韩赵魏三家的权力得到巩固。

陈曼作簠

田氏专齐之后在齐国声势大振，陈（陈姓即田姓）曼为当时田氏家族的一员，此器为陈曼所作，是春秋战国时代大夫作礼器的代表，体现了礼崩乐坏的时代特色，"簠"是祭祀和宴飨时盛放黍、稷、稻、粱等饭食的器具。此器直口平唇、摺壁、浅腹，腹两侧有耳，高足外撇，作放射式持撑。口沿下及腹部各饰不同形式的卷龙纹。腹内底铭文四行22字，铭文字迹精劲谨严。用笔纵锐横方，结体多变，为战国早期古文之又一体势。

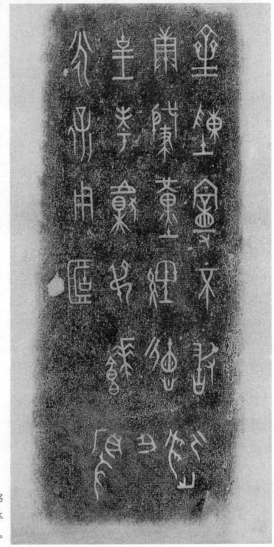

陈曼簠铭文。铭四行二二字。此铭下列三字作反文，书非一手，结体亦异。为战国早期古文之又一体势。

陈曼簠

鲁三桓攻鲁哀公

　　鲁国公卿孟孙、叔孙、季孙都是鲁桓公的后代，称为"三桓"。鲁文公死后，三桓势力日益强盛。鲁僖公时，季氏执掌国柄，后孟孙氏、叔孙氏又相继执政。至鲁襄公时，三桓作三军，各拥一军，鲁国公室实际上被瓜分，鲁昭公甚至一度被三桓逐出鲁国。昭公之子鲁哀公为巩固自己的统治地位，力图与诸侯加强联系。当时，越王勾践灭吴称霸，国势强盛，鲁哀公竭尽全力与之修好。

　　周定王元年（前468），勾践派舌庸聘鲁，鲁哀公率三桓与之盟于平阳（今山东邹县），并屈从于吴国的要求。三桓为中原大国鲁称臣于蛮夷越而深感耻辱，对鲁哀公怨恨有加，而鲁哀公得越之助则公开排挤三桓。此年四月，季康子死，哀公吊丧之礼有减，露出轻视三桓之意。鲁哀公欲借越之力除掉三桓，直接威胁到三桓的存亡，三桓遂决意与鲁哀公一争高下。此年八月，鲁哀公往赴公孙有陉氏之家，三桓以武力进攻哀公，获胜。鲁哀公从鲁出亡，先逃到卫国，又从卫国逃邹，再从邹避于越。

周定王二年（前467），鲁哀公被鲁人迎回，不久即死去。其子宁继位，是为鲁悼公。悼公之时，三桓势力更加强大，鲁君如小侯，地位低于三桓之家。

《国语》纪事结束

《国语》是杂记西周、春秋时周、鲁、齐、晋、郑、楚、吴、越八国人物、事迹、言论的国别史。亦称《春秋外传》。旧说为春秋末鲁人左丘明所作，与《左传》同为解说《春秋》经的姐妹篇。近代学者研究证实，春秋时有称为瞽矇的盲史官，专门记诵、讲述古今历史。左丘明即是略早于孔子的著名瞽矇，其讲史曾得到孔子的赞赏。瞽矇进述的史事被后人笔录成书，称为《语》，按国别区分即为《周语》、《鲁语》等，总称为《国语》。西晋时曾在魏襄王墓中发现大量写在竹简上的古书，其中有《国语》三篇言楚、晋事，说明战国时该书已流行于世。今本《国语》大约就是这些残存记录的总集。由于是口耳相传的零散原始记录，其内容偏重于言辞，在国别和年代上也很不平衡。全书二十一卷中，《晋语》九卷，《楚语》二卷，《齐语》仅一卷。《周语》从穆王开始，尚属西周早期；《郑语》仅记桓公谋议东迁之事，亦在春秋之前；《晋语》记到智伯灭亡，已属战国之初。《国语》分国别记言，开创了史料编纂学上的国别体。

战国青铜工具普及生活各方面

战国禽兽纹境

春秋战国时代，因礼乐崩溃，使王室之器衰退，诸侯之器兴起，日用器也发达起来。尤其是春秋晚期以来，随着经济生产发展，青铜工具开始增多。此时整个青铜器物的形制打破了商、西周时的呆板、厚重、千篇一律的局面，而代之以轻便、新颖的造型，种类也更增多起来。由于经济发展，战争频繁，铸钱业、铸镜业、铜剑等兵器铸造业遂成了青铜业的重要生产部门。并出现了层叠铸造、失蜡法铸造和金属型铸造，使青铜器进一步满足了社会的各种需要；锻打、钎焊、镂刻、镶嵌、鎏金银，以及淬火回火技术，都得到了较大发展。青铜工具就是在这种环境下数量大大增加。春秋时期开始，青铜农具比较大量地生产和使用，手工业工具、多用途工具，因手工业的发展亦逐渐增多，而且品种繁多。到了战国晚期，青铜礼器已经很少制造了，其主导地位已被青铜工具所代替。

战国四虎镜

战国镶嵌金银虎子。生活用具。

群雄逐鹿天下

战国前期人形足器座

战国奉脛炉。取暖用具。器呈长方形，口略大于底，直壁，平底，四蹄足。器两端附环链，四足上方口沿处附有突起的垂直插眼。腹壁饰菱纹。口部有铭文"铸客为奉脛为之"七字。

战国镶嵌虎噬鹿屏风插座。虎背的前部和后部各有一长方銎，銎内有木榫。通体
错金银。是战国时期写实造型艺术中的杰作。

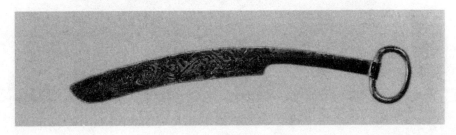

战国云纹削刀。文书用具。刀身微弧，窄把，尾端有椭圆形圈钮。刃部锋利，脊背厚实。刀身
饰云纹。小巧精美。

战国漆绘人形灯。人物跽坐，偏髻，有簪，束冠。两手捧持叉形灯柱，柱顶有环形灯盘。

450 ~ 431B.C.

战国

449 B.C.周定王二十年

越王不寿被杀，子朱句立。

447 B.C.周定王二十二年

楚灭蔡，蔡侯齐出奔。

445 B.C.周定王二十四年

越灭吴后，未能征服江淮以北，楚东侵，广地至泗上，江淮以北之地遂为楚所有，楚复强。

魏文侯初年，子夏尚在世。

441 B.C.周定王二十八年

周定王卒，长子去疾立，是为哀王；立二月，为弟叔所杀，叔自立，是为思王；立五月，又为弟嵬所杀，嵬自立，是为考王。

440 B.C.周考王元年

周考王封弟揭于王城，是为西周桓公，亦称西周君。

436 B.C.周考王五年

孔子弟子曾参卒，以孝行著称。《大戴礼记》记有他的言行。

432 B.C.周考王九年

相传公输般（鲁班）为楚造云梯以攻宋，墨翟造守城器具阻之，在惠王前比试攻守之法，攻者技穷而守者有余，惠王遂罢兵。

449 B.C.

波斯与希腊缔结所谓"卡利亚斯"和约，波斯承认放弃在爱琴海、赫里斯滂、博斯普鲁斯海峡之霸权，承认小亚细亚诸城市之政治独立。

448 B.C.

希腊雅典最重要艺术成就之一雅典守护神雅典娜铜像完成。

445 B.C.

雅典与斯巴达缔结三十年休战条约，雅典放弃对于陆上其他国家之势力，斯巴达亦承认雅典在海上之霸权，不干涉底罗同盟。

438 B.C.

雅典完成女神庙（巴特农庙）之建筑。

434 B.C.

希腊科林斯积极造舰，科赛拉求援于雅典，两国缔结防御同盟，是为伯罗奔尼撒战争之导火线。

432 B.C.

雅典与科林斯为争夺对波提底阿邦之统治权，发生战争。雅典胜，科林斯乞援于斯巴达，遂掀起伯罗奔尼撒战争。

431 B.C.

欧里庇德斯著《美狄亚》。

楚占江淮以北·国势复盛

群雄逐鹿天下

　　春秋时代的强国楚国在春秋晚期被新崛起的吴国打败，但吴、越战争减轻了楚国的外来压力。周元王四年(前473)，越灭吴，楚由此解除来自吴的威胁，国力开始复兴。

　　周定王二十二年(前447)，楚攻灭蔡国。蔡国是周初所封的重要诸侯国，一直是楚、晋等大国争霸的中间地带，蔡被楚灭，楚国势力上升。此后，蔡侯齐虽然逃亡在外，但再也没有能够复立蔡国。

　　周定王二十四年(前445)，楚攻灭姒姓的杞，同时又与秦国修好关系，

战国前期楚王镈章龠

继续扩展疆土。越国灭吴国，但未完全控制江、淮以北地区。楚惠王看有机可乘，于是派兵东征，向东扩展领土以至泗水以上，尽占有江、淮以北地区。

　　楚国这一系列的扩张成功使楚国恢复为有影响力的一个大国，国势复盛。

韩魏攻灭伊洛阴戎·杜绝中原戎患

周定王二十五年（前444），秦国发兵攻伐义渠戎（古戎国，居于今甘肃庆阳西南），拘捕了义渠王。与此同时，韩、魏两国也联合出兵攻伐伊洛阴戎（古戎族，居于今河南西部伊河、洛河之间）。伊洛阴戎逃脱者向西越过汧（今陕西千河）、陇。从此，伊河、洛河流域（今河南西部）的戎族势力被消灭，中原地区再无戎族严重的祸患。

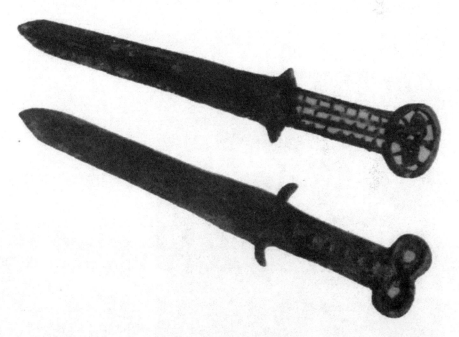

山戎青铜短剑。北方民族使用的兵器，多具有短小、便携的特点，以适应"骑战"的需要。图为山戎墓出土的一组青铜短剑。

群雄逐鹿天下

山戎饮酒器。发现于山戎墓葬的饮酒器具，既表明了该民族的豪饮习性，也可看出华夏文化对北方民族的影响。

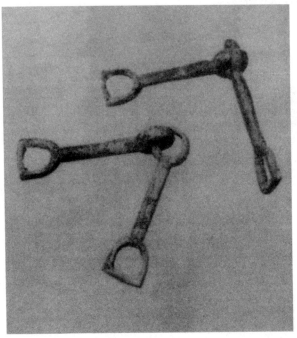

铜马衔。游牧民族离不开马，驭马与骑战是游牧文化的显著特征。图为山戎墓葬出土的铜马衔。

山戎墓葬。山戎是北戎的一支，春秋时期，分布于今河北北部、辽宁西部及其以北地区。公元前七世纪颇为强盛，常与燕、齐等国发生战争，后被齐国等击败，融入其他民族。1986年，在北京延庆县发现了山戎的墓葬群，为了解这个早已消失的民族提供了大量实物资料。图为墓葬群里地位最高者椁室的陪葬品分布情况。

子夏传授孔学

　　周定王二十四年（前445），即魏文侯初年，晚年的子夏（前507～前445）在魏国西河讲学，传授孔子《诗》、《春秋》等儒家经典。

　　子夏姓卜名商，以字行。晋国温（今河南温县西南）人，一说卫国人，是孔子弟子。孔子死后，《诗》、《春秋》等儒家经典就是由他来传授。子夏主张"死生有命，富贵在天"，"大德不逾闲，小德出入可也"，提出"学而优则仕，仕而优则学"，强调国君应以《春秋》为鉴防止臣下篡夺。魏文侯尊他为师。李悝、吴起都是他的弟子。

　　孔子死后，"儒分为八"，有子张之儒、子思之儒、颜氏之儒、孟氏之儒、漆雕氏之儒、仲良氏之儒、孙氏之儒、乐正氏之儒。其中子思之儒、孟氏之儒，即思孟学派，是子思学于孔子弟子曾参，孟子又学于子思的学生，因而

子贡像。后世儒人多蔑视逐利之徒，但儒学创始人孔子的弟子中，就有经商致富的端木赐（子贡）。

形成思孟学派，推重中庸之道和"诚"。孔子的弟子曾参（前505～前436），字子舆，鲁国武城（今山东费县）人。以孝行著称，以孝为伦理思想之本；认为"忠恕"是孔子一以贯之的思想，并提出"吾日三省吾身"的修养方法。曾参曾著《孝经》，后世尊为"宗圣"。孙氏之儒，即荀子一派儒学，主张"隆礼重法"，认为人不应听天由命，表达人定胜天的思想。其他各派，今无著作传世。子张之儒，指孔子弟子子张（姓颛孙，名师），相传这一派儒者主张"尊贤而容众，嘉善而矜不能"，"见危致命，见得思义，祭思敬，丧思哀"。颜氏之儒，指孔子得意门生颜回一派儒者，孔子赞扬颜回"好学，不迁怒，不贰过"。漆雕氏之儒，指孔子弟子漆雕开一派儒者，提倡廉洁正直。乐正氏之儒，指孔子弟子曾参的门生乐正子春，或指孟子弟子乐正克，属思孟学派。仲良氏之儒，所指不详。

曾子像

战国前期曾侯乙升鼎。饪食器，敞口，立耳斜置，浅腹，束腰，平底，三蹄足。腹部有对称的四条龙形装饰，龙口衔器沿。器表镶嵌勾连云纹、鸟首龙纹及梭形纹。腹内壁有铭文七字，表明为曾侯乙所作用器。出土时鼎内有兽骨。此种形式的升鼎，春秋中期起行用于长江中下游地区。

曾侯乙去世

　　周考王八年（前433），曾侯乙去世。曾国是江汉地区的一个诸侯国，姬姓，是楚国附属，都城可能在随（今湖北随县）。1978年在随县擂鼓墩发掘了曾侯乙墓。墓内各类铜器，大多铸刻作器者"曾侯乙"。墓中有1件楚王奠祀曾侯的镈，作于前433年，该墓的年代可能在此年（或稍晚）。

　　曾侯乙墓出土文物非常丰富，共有青铜礼器、乐器、兵器、用器、马车器及金器、玉器、漆木器等计10000多件。青铜器种类繁杂，宏丽精美，总重量达10吨左右。其中有1套保存十分完好的编钟。钟架呈曲尺形，立柱上

下层由 6 个佩剑的青铜武士和几根圆柱承托。钟架上悬挂总重量达 3500 多公斤的 65 个编钟。上层为钮钟，中、下层为甬钟。墓中的编磬 4 组 32 件，分上下两层悬挂在长 2 公尺多的铜质磬架上，架由 2 只鹤状怪兽支撑。编钟、钟架、编磬和木质磬匣上都有字数不等的铭文，总计 4000 字。铭文中详细记录该钟所属律名、阶名和变化音名，还记载了曾国和楚、晋等国律名的对应关系，反映了当时各诸侯国之间在文化艺术领域里相互交流的情况。用于演奏的全套 5 组甬钟，基调属现代的 C 大调，总音域跨至 5 个八度，只比钢琴的音域两端平均各少一个八度。经实验演奏，在旋宫转调的情况下，用这套编钟演奏古今中外多种乐曲，都音色优美，效果甚佳。除了编钟、编磬以外，曾侯乙墓还有 4 种不同形制的鼓，其中有罕见的铜盘座建鼓和铜立鹤架悬鼓。弹拨、吹奏类的丝竹乐器瑟、琴、横笛、排箫、笙等也有 5 种 23 件。

曾侯乙墓的青铜礼器保持了其在墓中的原放位置，排列有序，高低错落，真实地体现了作为国君的曾侯乙享用器物的组合情况，可以分析研究其以九鼎、八簋为中心的铜器组合的高级形式。墓中有 140 余件青铜礼器和用器，其中一件造形精巧、结构复杂的尊盘，其透空附饰部分是用蜡法铸造的，从而可知中国最迟是在战国早期开始掌握这种高超技艺。墓中的古文字资料十分丰富，总字数在 1 万字以上，其中有达 6600 字的 240 多支竹简，记载了用于葬仪的车马兵器，有曾侯乙自己的，有楚国王公贵族赠送的，从而反映出曾与楚的关系非常密切。

在 4500 余件兵器中，有长达 3.4 米的三戈一矛同秘多戈戟，是新发现的古兵器。在一个漆箱上，保存有一幅写有"二十八宿"名称、当中绘北斗、两边绘青龙、白虎的天文图像，由此证明中国是世界上最早创立二十八宿体系的国家之一。曾侯乙墓从许多方面反映了曾国文化的高度发展。

曾侯乙墓的乐器

曾侯乙墓出土的乐器，种类之全，数量之多，是迄今所仅见的。它们的出土，对我国古代音乐史的研究，有着十分重要的意义。墓中首次发现了几种早已失传的乐器。在历史上，我国各族人民曾发明多种多样的乐器，随着岁月的流逝，由于某种原因，有的仅能在史籍上见到它们的名字，有的甚至连名字都早已被人们遗忘，更不用说它们的形象了。曾侯乙墓出土的十弦琴、五弦琴、排箫和篪，就是这方面的几个实例，它们是失传多年的几种古老乐器。

曾侯乙编钟之钟虡铜人

曾侯乙墓的五弦琴，与长沙马王堆三号墓的七弦琴明显不同，与先秦时期名字叫"筑"的乐器相仿，然形体狭长，"岳山"低矮，实在不便"以竹击之"，是否是"筑"，值得研究，也许是一种失传已久、没被我们认识的乐器。排箫，也是我国很古老的一种乐器，《楚辞》称其名曰"参差"，曾侯乙墓出土的实物正是由13根参差不齐的小竹管并列缠缚而成。它的形象在汉代石刻、魏

战国前期曾侯乙编钟。乐器，可以旋宫转调，演奏多种乐曲，是中国古代音乐文化高度发展的结晶，也是世界文化史上的瑰宝。

晋造像和隋唐壁画里还能见到，往后便消失了。篪，先秦古籍亦有记载，《诗·小雅·何人斯》："伯氏吹埙，仲氏吹篪。"可见它也是我国很古老的一种乐器。它的形制特征，古籍中曾有记述。《尔雅·释乐》郭璞注："篪，以竹为之，长尺四寸，围三寸，一孔上出……横吹之。"可知它是一种似笛非笛的横吹竹管乐器。但在见到它的实物前，很难确知它的具体形制和演奏方法。曾侯乙墓的发掘，使这一古老乐器重新与世人见面，并依据它本身的形体，了解到了它的演奏方法。此外，曾侯乙墓出土的建鼓，是迄今见到的最早的建鼓。笙这种乐器虽然一直流传至今，但它们最早的形态，则是在曾侯乙墓里见到的。因此，这些乐器对我国古代乐史的研究，也很重要。钟、磬两种乐器，虽在曾侯乙墓发掘之前，在一些年代早于曾侯乙墓的古墓里已发现了许多，但象曾侯乙编钟那样有完好的钟架，钟体井然有序地悬挂其上，象曾侯乙编磬那样有精美的磬架，可以看出编磬的悬挂方式，则是前所未见的。这类资料也是人们在研究我国古代音乐史时早就盼望得到的。

曾侯乙编钟的每件钟体都能发出两个乐音，这两个乐音间多呈三度谐和音程，很有规律；而且在钟体的正鼓和侧鼓都有标音铭文，只要准确地敲击其部位，就能发出所标明的乐音。这种一钟双音的现象，音乐家们前些年在研究西周钟时已有察觉，但有人怀疑，直到曾侯乙编钟出土，铭文并标明为双音才得以确认。曾侯乙编钟的音响和铭文充分证明一钟双音不是个别现象，而是有意识地制造出来的，是一项了不起的创造！

曾侯乙乐器出土的编钟可以演奏五声乃至七声音阶结构的乐曲；经过复

曾侯乙墓编磬

原的编磬也可以演奏七声音阶的乐曲；排箫刚出土时，有一件在只有七、八个箫管能够发音的情况下，已达到六声音阶；复制的篪，按一般指法可奏出十个半音。这都说明，至迟在战国早期我国已出现七声音阶，是毫无疑义的。我国古代有自己独特的记音方法，用汉字记音，音名为宫、商、角、徵、羽等。曾侯乙钟铭中有直到后世古籍才见到的、而被人们当作出现七声音阶的证据的"变宫""变徵"两个音名，可见七声音阶早已产生了。编钟十二个半音齐备，钟铭中且有十二个半音的名称；从编磬上亦有十二个半音的铭文来看，它原来也是具备十二个半音的。复原的编磬正是具备了十二个半音，而且音列体系已跨 3 个八度的音域，其中最高音竟达小字五组的 C 音。这样，先秦乐器可以旋宫转调也就是不言而喻的了。

关于我国古代十二律制的完整记载，最早见于《国语·周语》，名称为：黄钟、太簇、姑洗、蕤宾、夷则、无射、大吕、夹钟、仲吕、林钟、南吕、应钟。这些律名及顺序一直被后世承袭沿用，以至成为尽人皆知的传统律制。曾侯乙钟铭出现的十二律及其异名共有 26 个，旧传十二律名在钟铭中已见八

群雄逐鹿天下

曾侯乙墓漆彩瑟

个（大吕、仲吕、林钟、南吕四个律名不见），它说明我国传统的十二律是经历了长期的发展而形成统一的律名的。曾侯乙钟铭是战国早期的作品，它所记述的十二律，当在春秋时期就已产生。那种认为中国音乐史上由三分损益法所产生的十二律，是在战国末年由希腊传来而稍稍汉化了的理论，是完全站不住脚的。曾侯乙钟铭表明近代乐理中的所有大、小，增、减各种音程概念和八度位置的概念，在它的标音体系里都有了，而且是完全采用了我国自己的、民族的表达方法。

曾侯乙编钟是迄今所见同类乐器中规模最宏伟者，同时又未失去原有的乐声。曾侯乙编钟出土后，为着研

曾侯乙墓彩绘竹胎漆排箫。出土时基本完好，可吹出六声音阶。此为迄今所见最早的髹漆竹排箫。

究的需要所进行的演奏表明：它的音色丰富优美，音域宽广，音列充实，音律较准。其音响已构成倍低、低、中、高四个色彩区。其音域自大字组的 C 至小字组的 d，共 5 个八度又一大二度。各层钟的基本骨干音可以构成七声音阶，各组甬钟的变化音互为补充，可在小字组的 g 至小字三组的 c 的范围内基本构成完整的半音阶序列。能演奏采用和声、复调以及转调手法的乐曲。公元前五世纪的乐器，竟具有如此水平和性能，不能不说是音乐史上的一大奇迹！

曾侯乙墓铜器

　　湖北随州擂鼓墩战国早期曾国侯乙的墓葬，出土的青铜器主要有青铜乐器、青铜礼器、青铜用具、青铜兵器四种。

　　青铜乐器以编钟为主，另编磬的磬架和鼓的鼓座也是由青铜铸成。包括钮钟 19 件，甬钟 45 件，外加楚王赠送的一件镈钟，共 65 件。最大的一件高 153.4 厘米，重 203.6

曾侯乙尊、盘

公斤；最小的一件高 20.4 厘米，重 2.4 公斤。整套编钟总重达 2500 多公斤，按形状、音高为序组成 8 组，悬挂在铜木结构的三层钟架上。钟架横梁两端有浮雕及透雕龙纹或花瓣形纹饰的青铜套，中下层横梁各有 3 个佩剑青铜武士分别用头、手顶托，中部还各有一铜柱承托横梁。编钟由青铜铸制，钟上均有篆体铭文，绝大多数是错金文字。编钟音律准确，每个钟都能敲出两个

曾侯乙尊

乐音。编钟音色优美，音域宽，变化完备，至今仍能演奏。

青铜礼器有 117 件，包括食器、酒器、水器三类，器形有鼎、鬲、甗、簋、豆、盒、缶、壶、盘、罐、鉴、斗等 25 个种类。青铜用具有 17 件，包括炉、箕、铲、镇、削刀、凿等 11 个品种。这批青铜礼器和用具总重量近2400公斤，最重的是两件大尊缶，分别重 327.5 公斤和 292 公斤，是战国时期两件最大最重的酒器。这批铜器在铸造工艺上有两个突出的特点：一是分铸法和焊接技术的广泛应用；二是个别的采用了失蜡法熔模铸造工艺，如一套铜尊盘，造型端庄、优美，盘口沿上的极为精巧纤细的多层镂空附饰，就是用失蜡法铸造的，是目前发现的青铜器中最为复杂和精美的一件精品。这一发现确认了中国掌握失蜡法铸造技术的年代要早到战国早期。大多数器物的花纹和装饰精细繁缛，豪华异常，制作手法除平雕、浮雕、透雕外，还有镶嵌、铸镶，以及用圆雕或镂雕的动物作器耳、足和附加装饰。这批礼器纹饰的题材与风格继承了春秋以来的传统而有所创新，主要是各种动物纹样和几何形图案，另有少量植物纹。动物纹有蟠螭纹、蟠蛇纹、蟠龙纹、鸟首龙纹、兽面纹等；几何形纹有云纹、雷纹、勾连纹、重环纹等；植物纹有蕉叶纹、花朵纹等。此外，有 83 件器上有铭文，其中 82 件的铭文同为"曾侯乙作持用终"，仅一件过滤器的铭文为"曾侯乙作持"。铭文的字体有不同的形态，有的工整秀丽，有的松散草率，并非一人手笔。

曾侯乙提链鼎

曾侯乙冰鉴。冰
酒器。造型奇特，
精美绝伦，为罕
见的精品。方鉴
与方尊缶之间有
空隙，可置冰块，
是古代的"冰
箱"。

曾侯乙墓共出土兵器 4777 件，除了 55 件弓和 49 件盾外，全部都是保存较好的有刃的青铜兵器。这批兵器的制作较为规范，分为戈、戟、矛、殳、晋杸、箭镞共 6 种，而相同种类的长短大小基本相等，它们基本为两范合铸，铸制较讲究。在戈、戟、殳头上，有的有铭文，铭文亦是铸制的。同类兵器的同一式样中，有的几件、十几件（如戈），或几十件（如箭镞），可能是用同一个范铸制的，因为它们不只大小、形制一样，连铭文字体亦相近。曾侯乙墓出土铜器与中山王墓等出土铜器是春秋战国时代几宗最大的铜器群，具有非常重要的历史价值。

曾侯乙镶嵌龙凤纹壶

曾侯乙墓出土的楚国漆器

　　曾侯乙墓位于今湖北省随县城关镇西北郊擂鼓墩附近，是楚之附属国曾国国君之墓。曾侯乙墓出土了5012件楚国漆器，除去木扣子仍有230件，这是十分罕见的。漆器种类很多，计有箱、盒、豆、杯、杯形器、碗形穿孔器、桶、勺、禁、案、俎、几、架、鹿、透雕圆木器、藕节形器、梳、木片俑、小圆木饼、小圆木柱、玉首木杖、盖形弓器、长方形漆木杆、镲、扣子、棺等20多种，其中非常重要的即有内棺、漆豆、鸳鸯形盒、彩绘二十八宿图像漆箱、鹿、彩绘竹胎漆排箫等。内棺绘有直立如人的怪兽、持戈守卫的神兽，洋溢

曾侯乙墓出土后羿射日图衣箱

群雄逐鹿天下

曾侯乙墓出土鸳鸯形漆盒。漆盒高16.3厘米，长20.4厘米，作鸳鸯形。头扁嘴长，颈后缩，背隆起，尾平伸，翅微翘，屈足，呈卧伏状。颈与身榫接，可转动，拔出后，榫眼可作出水口。身部雕空，背上有一长方孔，置盖，盖面浮雕夔龙。盒全身黑漆地，以朱、金两色漆描绘出鸳鸯的外部器官和羽毛，间以黄漆圆点。腹部绘图两幅，左侧绘撞钟击磬图、右侧绘击鼓舞蹈图。漆盒造型生动逼真，彩绘细腻流畅，漆画栩栩如生，是一件难得的艺术佳品。

着神秘的楚风；漆豆造型独特，两耳雕镂繁密，豆身色彩、图案和谐，具有很高的艺术价值；彩绘28宿图像漆箱载有战国关于28宿全部名称的最早文字记录，弥足珍贵；漆木梅花鹿以整木雕成，鹿平首，前腿跪曲，后腿弯屈，呈卧伏状，头上插真鹿角，以黑漆为地，饰瓜子形圈点纹，生动逼真地展现了梅花鹿的形象。

曾侯乙墓出土的漆器时代早、数量大、品种多、器型大、风格古朴，比较全面地反映了楚国漆器风格与水平。

漆豆。湖北战国楚墓出土。豆是中国古代重要礼器，新石器时代就有陶豆出现。此漆豆在战国漆木器中属上品，有很高的艺术价值。

曾侯乙墓出土漆棺

　　彩绘漆内棺是曾侯乙墓出土的战国早期漆器，呈长方形盒状，长250厘米、宽125厘米至127厘米、高132厘米。棺盖面与棺身两侧外表呈圆弧形，盖与身为子母口扣合。棺口四角用铅锡抓钉扣紧加固，棺盖上还各装有两个铜环钮以便启合。棺为木胎，内壁髹朱漆，并在头档中部装嵌一件青玉璜。外壁先抹以石灰，打磨平滑后髹一层黑漆，再髹一层朱漆，然后以黑、黄色漆绘出各种形态的龙、蛇、鸟、兽、神等，共900多个。足档中部绘一"田"字形窗户，两侧壁板各绘一扇格门。绕窗者为上述各种动物，两侧

楚墓中的镇墓兽

守门者为执戟神兽。这些图案布满整个漆棺外壁，俨然一幅神灵护佑的地宫图画。此棺是现在可以见到的最精美的战国漆棺，对当时的漆工艺、棺椁制度和神话传说等都具有重要研究价值。

曾侯乙墓出土彩绘漆内棺绘画

430 ～ 411 B.C.

战国

426 B.C. 周考王十五年

卫公子亹杀其君昭公而自立，是为怀公。

425 B.C. 周威烈王元年

秦庶长鼂杀其君怀公，太子早死，大臣立太子之子，是为灵公。

424 B.C. 周威烈王二年

晋赵桓子立，不久即卒，国人曰，立桓子非襄子意，乃杀其子，而立襄子浣，是为献侯。

423 B.C. 周威烈王三年

晋韩武子启章伐郑，杀幽公，国人立其弟骀，是为缤公。

420 B.C. 周威烈王六年

晋幽公夜窃出，晋夫人秦嬴杀公于高寝之上。魏文侯以兵平晋乱，立幽公子（亦作弟）止，是为烈侯。

415 B.C. 周威烈王十一年

秦灵公卒，国人废其子师隰而立其季父悼子，是为简公。

卫敬公之孙颓，杀怀公而自立，是为慎公。

412 B.C. 周威烈王十四年

晋魏文侯使其子击围繁庞，出其民。

429 B.C.

秋，雅典执政培里克利卒。

428 B.C.

希腊雅典自培里克利死后，发生主战派与主和派之斗争。主战派以制革商之子克利翁为首领，得到胜利。

427 B.C.

柏拉图生。

426 B.C.

雅典与斯巴达舰队战于奥尔皮，雅典大胜。

424 B.C.

斯巴达败雅典于德里阿木。自是年以后，雅典逐渐失利。

423 B.C.

阿里斯托芬著讽刺喜剧《云》。

421 B.C.

斯巴达与雅典订立同盟条约，定期五十年。

413 B.C

叙拉古札得斯巴达援，两败雅典军于海上，雅典军企图由陆路退回，又为叙拉古札人所截击，全军覆没。雅典元气大伤。

赵桓子自立

周威烈王元年（前425）赵襄子去世，其弟赵嘉逐献侯自立，为赵桓子。

赵襄子是开创赵国的一位重要人物。他欲传于其兄伯鲁之子代成君，代成君先死，襄子又取代成君之子浣立为太子，赵襄子死后，浣继立，为赵献侯。赵国内部实质上存在着两大派势力，一派势力是赵襄子旧臣而拥立赵浣为献侯者；另一派势力是赵襄子之弟赵嘉。赵嘉驱逐赵献侯而自立，称为赵桓子。

赵桓子即位不久即死去。赵人认为赵桓子继位并非赵襄子本意，遂杀死赵桓子之子，复立献侯浣。

秦作上下畤分祭黄帝炎帝

周威烈王四年（前422），秦作上畤和下畤。以上畤祭黄帝，下畤祭炎帝。畤是古代祭天地或帝王的处所，以畤为称，以秦国为最多。早在秦襄公开始立国时就曾经作"西畤"以祀上帝。秦文公因梦黄蛇自天而下属地，故"鄜畤"用三牲郊祭白帝。秦宣公时又作"密畤"于渭南，以祭青帝。秦国雍地附近原有"武畤"和"好畤"，因历时既久而荒废。秦灵公恢复这两处的祭祀，称为"上畤"、"下畤"分祭黄帝和炎帝，据专家们研究，秦国诸畤出于当地传说，其初均为民间祠祀，所祭之神相当杂乱。"上畤"、"下畤"的分祭黄帝炎帝与黄炎两族发祥于黄土高原并给人们留下深刻印象的情况有关。畤为峙立之意，民间可能在田中立石以祭祀各种神灵，以后才逐渐演进。

战国前期大武戚。兵器。长方扁平内有"T"形孔，阑侧两半圆穿。宽援，中有脊，尖锋突起。援两面均有相同图像。内上有铭文"大武"等四字。

魏文侯出兵平晋乱

周威烈王十年（前416）魏文侯平定晋内乱。晋幽公时，晋国更加弱小，独有绛、曲沃之地，其余的皆入韩、赵、魏3家。幽公反而朝拜韩、赵、魏之君。幽公荒淫无度。周威王十年（前416），幽公淫于妇人，夜出于邑中，为盗所杀。魏文侯闻讯后，出兵平晋乱，立幽公之子止继位，是为晋烈公。魏文侯是魏桓子之孙，在魏国发展上产生重大作用。魏文侯于周威烈王二年（前424）继位，和他同年继位的有秦灵公、韩武子、赵桓子。魏国在魏文侯继位的时候，形势并不太好，主要疆域在晋南一带，河西地区为秦所有，遏制着魏的发展。魏文侯十分重视儒家学说，他曾随子夏学习儒家的经典和理论，又非常尊敬贤能之士，魏国力量逐渐强盛。

中山武公初立

　　周威烈王十二年（前414）中山武公初立，定都于顾。

　　中山在战国时期是一个相当重要的诸侯国。汉代刘向校书编定《战国策》时专列有中山策。一般认为，中山不同于中原诸侯，她不属于华夏，而是北方少数民族白狄的国家，春秋时原称鲜虞。白狄原在晋国以西地区，或谓其是姬姓。鲜虞是姬姓，所以古代以鲜虞为白狄别种，在今河北省中部地区有三个白狄别种的小国，鲜虞在正定，肥在藁城，鼓在晋县。春秋晚期晋扩展势力，肥、鼓两国被灭，只余鲜虞屹立。周敬王二十八年（前492），"中山"之称已见于《左传》记载。中山王墓铜方壶的铭文有"皇祖文、武"的说法。可见，中山国在初创时有文公、武公两位国君。

中山国鸶鸟中柱盆。盛水器。小折沿，直壁，下腹部折收成小平底，下由束腰圆柱和镂空蟠螭纹圈座承托。内底凸铸一鳌，背驮一圆柱，楼顶有一雄鹰，双爪抓住纠结着的双蛇头部，作展翅飞翔状。外壁有等距相对的飞鹰四只，颈挂吊环作回首状。该器造型新颖，别具匠心。原盆内可能盛水，底有一鳌；上有雄鹰擒蛇，似有除恶祈祥之意。中山王墓出土。

中山国镶嵌犀牛屏风插座。牛体后坐，作负重状，背有方柱形插口。通体错金银。
插口饰倒置的兽面纹。河北平山中山王墓出土。

战国

群雄逐鹿天下

409 B.C. 周威烈王十七年

鲁穆公显元年。穆公好贤，以公仪休为相。

秦初令吏带剑。

魏伐秦，筑临晋、元里。

408 B.C. 周威烈王十八年

秦堑洛水，城重泉，初租禾。

韩攻郑，取雍丘。郑城京。

魏攻秦，至郑还，筑洛阳。

魏文侯帅师攻宋，使乐羊子灭中山，命公子击守之。

407 B.C. 周威烈王十九年

齐与郑会于西城，伐卫，取毋丘。

406 B.C. 周威烈王二十年

魏文侯臣李悝作尽地力之教，行平籴之法，著法经六篇。

405 B.C. 周威烈王二十一年

魏文侯谋相于李克，卒以季成子为相。文侯少尝师卜子夏、田子方（子夏弟子），礼段干木。

及即位，任用李克、翟璜，以吴起守西河，以西门豹治邺，以乐羊子伐中山，举贤任能，国大治。

齐大夫田会以廪丘叛，归赵氏。

齐使田氏围廪丘，赵使孔青救之，大败齐师。

409 B.C.

斯巴达克收复派罗斯。

408 B.C.

雅典在亚西比得指挥下克复拜占廷。柏拉图成为苏格拉底的学生。

406 B.C.

雅典海军大败斯巴达舰队于阿吉纽西岛。但胜利的十将军又被控为不关心阵亡将士而受审，结果其中六个将军被判处死刑。阿吉纽西之役是雅典最后一次的胜利。

405 B.C.

阿里斯托芬著《蛙》。

雅典舰队与斯巴达舰队战于赫里斯滂特海峡之羊河。雅典舰队全军覆没，只船未归。三千士卒沦为俘虏，余被处死。此役实标志雅典民主的惨败。斯巴达将莱山得乘机攻雅典属邦，纷纷投降，献出雅典戍军。由于斯巴达之支持，寡头政治在雅典属邦先后树立。

魏取河西

河西地区（今陕西、山西间的黄河南段以西、陕西省境内的北洛水以东的地区）是秦、魏两国在战国前期争夺的焦点。在魏文侯中期，魏国力量迅速增强，向四边扩展，主动对秦作战，不断向河西渗透。周威烈王七年（前419），魏筑少梁城（今陕西韩城西南），秦于次年夺去，并在黄河边修筑了防御工程。魏攻势不减，于周威烈王九年（前417）夺回少梁。周威烈王十四年（前412），魏文侯派其子击率军围攻繁庞（在今陕西韩城东南），攻陷城池，逐走秦人。周威烈王十七年（前409），魏伐秦，大胜，筑临晋（在今陕西大荔东南）、元里（在今陕西澄城东南）二城。周威烈王十八年（前408），魏继上年取秦临晋、元里后，又夺取秦国洛阴（今陕西大荔西）、郃阳（今陕西洛阳东南）等城。魏国用两年时间陆续攻取秦河西之地，在战略上具有重要意义。魏国在此设立河西郡，筑城护守，以吴起为河西守。魏国将河西郡视为插入秦国领土内的一把利剑。秦国只能退守洛水（今陕西省北部），沿河修筑防御工程，建重泉城（今陕西蒲城东南之重泉村）固守，与魏军对峙。

魏灭中山国

魏文侯当政时，中山国君是中山武公。中山国政治十分腐败，统治者荒淫奢侈，昼夜颠倒、男女淫乐、歌舞不断、国政荒废。魏文侯遣大将乐羊讨伐中山。魏与中山不相邻，中有赵相隔，魏文侯遂借道于赵。赵烈侯初不许，后在赵利进谏下让道于魏军，以图收渔人之利。周威烈王十八年（前408），攻打中山之役爆发。

群雄逐鹿天下

中山国镶嵌立牛屏风插座。通体以金银镶嵌成卷云纹，纹饰精丽。

此役主帅乐羊之子本在中山国任职，但善于用人的魏文侯还是相信翟璜的荐举，以乐羊为将去伐中山。乐羊率魏军到中山城下时，中山君烹杀乐羊之子并派人将乐羊之子做成肉羹送给乐羊，想以此沮丧乐羊的斗志，然而乐羊却不动声色地吃下一杯肉羹，乐羊以此来表示自己以国家利益为重。乐羊率魏军猛攻中山，苦战 3 年，才灭掉中山国，获得彻底的胜利。魏堵师赞向魏文侯进谗言，说乐羊连自己儿子的肉都能吃下去，还有谁的肉不敢吃呢？攻击乐羊是一个极残忍的人。乐羊灭中山以后，魏文侯使太子击驻中山，而将乐羊调回，两年之后才封乐羊于灵寿（今河北灵寿西北）。

子禾子釜

战国时代齐康公时的铜量器。1857年山东胶县灵山卫古城出土。铭文10行存91字，末行未铸清。此器高38.6厘米，口径22.35厘米，底径19厘米。容量为20460毫升。

战国令狐君嗣子壶。容酒器。颈部有铭文五十字，内容为令狐氏之嗣子铸壶之颂词。令狐在今山西临猗西南，战国时属韩国。

铭文大意是：子禾子与内者奉命往告陈曼，官方仓廪之釜应作为左关釜的量值标准。关铜以廪秆作为标准。关人不执行此命，则根据其事之轻重施以刑罚，或用15斤青铜来赎罪。

子禾子即前386年代姜齐自立的田齐的始祖田和，这是他尚未自立时所作的器物，记录了他在齐康公时任职所作的一件事，是关于他的生平的重要文物，也为了解齐国各种制度提供了第一手资料。

战国中期子禾子釜。量器。齐国量器有豆、区、釜、钟，此是其一。腹外壁有铭文九行，约一百零九字。"子禾子"是田和为齐大夫时的称谓。此器可证战国时期度量衡已有明确的校量制度和管理措施。

李悝改革

前 445 年，魏文侯即位后，魏国已建成中央集权的封建国家。魏文侯威望颇高，他礼贤下士，任人唯贤，各地的志士能人争相往归，魏文侯均委以重任，充分发挥其才智。他依靠群贤，从经济到政治、军事进行全面改革。魏文侯四十年（前 406），魏文侯任用李悝在经济上实行"尽地力之教"和"平籴法"，在政治上采取了一套有利于新兴地主阶级利益的政策和措施。他实行"食有劳而禄有功"等办法，打击国内残存的旧势力，为新兴封建阶级的发展扫除障碍。

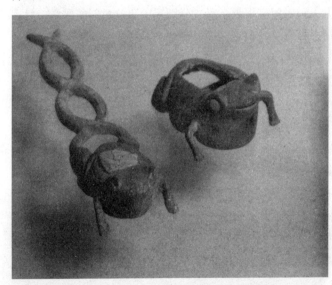

战国前期蛙蛇形马饰。马饰件。由一小蛙和一双蛇捕蛙形象构成一组饰件。这种造型也见于广西青铜器，可见为当时南北方各少数民族喜爱的一种主题图案。

"尽地力之教"是李悝经济改革的主要内容之一。目的是破除旧有的阡陌封疆，鼓励自由开辟耕地，勤谨耕作，以增加生产，培殖封建的小农经济。具体做法是，规定农民必须同时播种种稷（小米）、黍（黍子）、麦、菽（大豆）、麻五种作物，以防播种单一作物，一旦遇到灾害时无法补救。促使农民努力来耕作。在住宅四周，要种植桑树，以供养蚕。菜园里要多种蔬菜，田地之间的埂上也要利用空隙来种植瓜果。

总之是要充分利用空闲的土地，扩大农副业生产。李悝在经济改革中的另一项重要措施是实行"平籴法"。他认为，粮价太贱，农民入不敷出，生活困，国家就要贫穷；粮价太贵，城邑居民担不起，生活困难，就要流徙他乡。因此，粮价无论太贵太贱，都不利于巩固封建统治。为此他制定了调节粮价的"平籴法"，把好年成分为上中下三等，坏年成也分成上中下三等，好年成由官府按好年成的等级出钱籴进一定数量的余粮，到了坏年成，再由官府按坏年成的等级平价粜出一定数量的存粮。此即后世封建王朝的"均输"、"常平仓"等法的先河。平籴法"取有余而补不足"、"使民适足，价平而止"，"虽遇饥馑水旱，籴不贵而民不散"。同时在很大程度上限制商人的粮食投机活动，制止了粮价的暴涨暴跌，在一定程度上还可以防止农民破产和贫民流亡。"平籴法"的实行，进一步巩固了地主经济，使魏国国富兵强。

　　李悝在经济上推行"尽地力之教"和"平籴法"，在政治上则推行"食有劳而禄有功"和"夺淫民之禄以来四方之士"的政策。它废除旧的世卿世禄制，改为按功劳大小和对国家贡献多寡，分别授予职位和新的爵禄。对那些无功于国而靠父祖爵禄享受特权者，以及身着华丽服装，出门乘着车马，回到宫中又沉浸在舞乐之中，不以为耻，反以为荣的"淫民"，则加以取缔，用剥夺来的爵禄去招来四方之士，从而为魏国的繁荣强盛创造了条件。军事上，他创立了常备"武卒"制度，使国家始终保持强大的军事力量。

　　李悝在全面改革的同时，还在广泛收集春秋末期以来各国法律条文的基础上，编著了我国历史上第一部系统的封建法典《法经》，用法律形式把封建地主阶级的利益确定下来。《法经》原文早已亡佚，其主要内容有《盗法》、《贼法》、《囚法》、《捕法》、《杂法》、《具法》等六部分。前四篇是对"盗"、"贼"进行关押拘捕的办法。"盗"杀人者要处以死刑，盗者全家及妻家之人都要籍为奴隶。对于"大盗"，轻者充军到边防戍守，重者处以死刑。《杂法》包括惩罚"轻狡、越城、博戏、借假、不廉、淫侈、逾制"等六种违法行为。"轻狡"是指轻狂的犯法行为，"越城"是指偷越城墙，"博戏"是指赌博，"借假"是指欺诈行为，"不廉"是指贪污贿赂，"淫侈"是指荒淫奢侈的行为，"逾制"是指应用器物超过了本人的身份。《具法》是根据具体情况加重或减轻刑罚的规定。对为非作歹的官员也有相应的处置条例，如官吏贪污受贿，丞相以下罪重者要杀头，太子赌博要受笞刑或废立。《法经》出现后，魏国一直沿用，后由商鞅带往秦国，秦律即从《法经》脱胎而成，汉律又承袭秦律，故《法经》在中国古代法律史上有非常重要的地位。李悝的改革不但使魏国很快富强起来，而且在中国历史上具有重大的意义。春秋时代，各诸侯国政治、经济、文化等的改革都是针对具体对象的行为，带有浓厚的过渡性，而从李悝开始，战国时代政治、法律、经济、军事、文化的革新逐渐步入更深入、更普遍的层面，即整个社会结构和制度的变动。从此，中国文明进入更广泛、更深刻和更抽象的高度。

秦初租禾

周威烈王十八年（前408），秦国对租税制度进行改革，实行"初租禾"。"租"指土地税，"禾"是粮食。"初租禾"即第一次按土地亩数征收实物地租。其意义与160年以前鲁国的"初税亩"一样，反映了有人已将属于国有的"公田"据为己有，或者另外开垦私田，出现了封建的生产方式。秦国统治者承认"私田"的合法性，而一律征税，地主制度正式成立。

陈纯釜

战国早期齐国容积为一釜的铜量器。1857年山东胶县出土，耳罐形，高38.65厘米，口径22.65厘米，腹径32.6厘米，底径18厘米，容20580毫升。腹壁铸铭文7行34字，大意是，陈犹莅事之年的某月戊寅，命左关师发督造左关所用的釜，并要求以官廪的标准釜行较量，主持人陈纯。这表明当时对量器的检定与管理都有严格的制度，体现了六国度量衡制度的严格，战国铜器中量器大量出现，并有记录制定度量史实的铭文，是了解战国社会生活的重要材料。

群雄逐鹿天下

陈纯釜。量器。铭文严格规定了对量器的管理制度，是为齐国关卡统一量制的政令。

陈纯釜铭文

哀成叔鼎

又名嘉鼎。铭 8 行 57 字，重文 3，高 34、口径 28.5 厘米。

哀成叔名嘉，郑康公时郑国大夫，为史籍所未见。嘉自称生于郑国，很早就离开父母之邦。君（郑康公）即使能安定和爱惠百姓，也不能废弃法度。嘉事奉康公，不敢懈怠。

春秋时代礼崩乐坏，士大夫阶层也可作礼器，哀成叔鼎是其一例。

楚国帛画达到鼎盛期

帛是战国时期对丝织物的通称。帛画大概起源于战国中期，到东汉以后才消亡不复见。中国现存最早的帛画出于楚地。即江陵马山 1 号墓所出的帛画。此墓年代属战国中期偏晚或战国晚期偏早（前 340 以后）。可惜由于年代久远，并且由于这幅帛画是折叠的，已残损得无法辨认。

除了马山，在长沙沅湘流域也出土了三幅帛画。即陈家大山一号墓《人物龙凤图》、子弹库一号墓的《人物御龙图》和《楚帛书》。这四幅帛画的形制和内容可分两类。有学者认为《人物龙凤图》和《人物御龙图》属于为墓主人招魂的旌幡，陪墓主人下葬。而帛画则为数术辟邪图谱，为墓主人生前使用的。从内容来看，《人物龙凤图》和《人物御龙图》仅有卓而不群的墓主人画像，以及龙凤等个别的图案。帛画的风行，相信跟楚招魂的习俗有关。帛画的发展可分为四期：（一）成长期（战国中晚期）；（二）鼎盛期（西汉初期）；（三）扩大期（汉武帝时期）；（四）衰落期（西汉末至东汉）。据学者研究帛画的内容可分为三大类：（一）巫术辟邪的天界内容；

群雄逐鹿天下

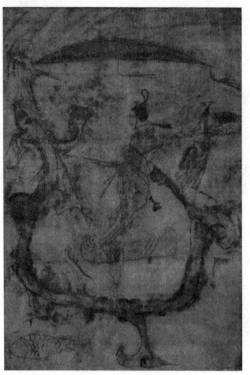

帛画人物御龙图。画中人物此例相当准确，使用单
线勾勒和平涂与渲染兼用的画法。人物略施彩色，龙、
鹤用白描。画上有的部分用了金白粉彩，是迄今发
现用此画法的最早作品。

（二）模拟人间的像生内容；（三）
旌幡招魂的冥间内容。帛画的分
类，完整地反映出楚人的世界观，
包括天界和神界观、人生和像生
观、地界和冥界观。

楚国帛画是中国现存最早
的独幅绘画，而西汉初期马王堆
帛画不仅填补了绘画史的空白，
而且是整个秦汉绘画最瑰丽的篇
章。

定名为《人物龙凤》的一幅
于1949年出土于长沙东南郊陈
家大山战国楚墓。图高31厘米，
宽22.5厘米。居于画面主体位
置的是下方一侧身而立的青年女
子，头上挽一垂髻，双手合掌，
身着缀秀卷云纹的宽袖长袍，袖
口略束，腰肢纤细，令人想及"楚
王好细腰"的谣谚。女子前上方
一硕大的凤鸟正展翅飞翔，其尾

羽飞扬，前后足有力地撑开。凤的前方居于画面左边的是一升腾而上的龙。
定名为《人物御龙》的一幅于1973年重新清理40年代被盗的长沙东南子弹
库楚墓时出土。画面正中是一侧身执缰的男子，头戴高冠，身着长袍，腰佩
长剑，正驾御着一条状似舟形的长龙。龙首高昂，龙尾上翘，龙身平伏让男
子伫立，龙尾上部立着一只长颈仰天的鹤，龙首下部有游鱼，暗示龙浮游于水，
人物上方正中则画有一华盖。

考古证明，两幅帛画中的人物皆为墓主肖像。两画的主题均为表现在灵
物（游龙、龙凤）护持、导引下，墓主飞翔升腾，意在表示死者灵魂不朽，
升归天国。这种主题反映了当时楚国流行的引魂升天意识，并且两画在造型
观念和绘图方式上都相接近，表明它们是当时楚国绘画的一种普遍样式。从

绘画表现看，两幅帛画都是运用线描，并有晕染。说明线作为传统绘画重要表现手段在战国时期已运用得相当熟练，细如游丝的墨线传达了物象的整体形貌，更贴切地表现了创作意图所需要的物象运动感，龙、凤、鸟、有羽葆的华盖等都因线条飞扬、舒展而呈现出游动、腾升、飘浮的各种意念。

战国帛画龙凤仕女图。湖南省长沙市陈家大山楚墓出土。四周均为毛边，是当时用以"引魂升天"的铭旌。占画面主要位置的仕女，侧身而立，面向左方，细腰长袍，衣长曳地，下摆向前后分张，衣上饰卷曲的云纹图案。仕女头上，左前面飞翔着一只凤鸟，头向上，两翅上张，两脚一前曲一后伸，似乎在振翼奋起。鸟的前面有一龙，势若扶摇直上。全画的主题是祈求飞腾的龙凤引导墓主人的灵魂早日登天升仙。龙凤仕女帛画是现存两幅最早的帛画作品之一，是研究战国时期楚文化的珍贵资料，与人物御龙帛画比较，龙凤仕女帛画的笔触显得较为古拙和简劲。

479 ~ 471 B.C.

战国

403 B.C. 周威烈王二十三年

晋大夫韩虔、魏斯、赵籍皆自立为诸侯；赵追尊献子为献侯。

司马光资治通鉴即始于是年，以此为战国时期之始。

魏都安邑，城址分大城、中城、小城，中城在大城内西南，小城在大城中央，为宫城，城墙最高达 8 米。

402 B.C. 周威烈王二十四年

楚声王被刺杀，国人立其子类，是为悼王。

思想家子思卒。他和其再传弟子孟子发挥其说，形成思孟学派。后世尊为 "述圣"。

《乐记》约成于战国前期。传为孔子弟子或再传弟子公孔尼所作。

404 B.C.

波斯皇帝阿塔克泽尔士二世即位。在位时期，叛乱常起。波斯帝国濒于瓦解。

斯巴达王坡舍尼阿吉帅师围攻雅典城，雅典民主党主战，寡头党主和，展开激烈斗争。雅典以塞拉米尼为首之主和派向斯巴达乞和，条件为拆毁长城，交出舰队，与斯巴达缔结同盟。伯罗奔尼撒战争结束。

在斯巴达的支持下，三十个巨头的寡头政府成立，只有三千个富民在名义上有选举权，事实上并无任何权力。

403 B.C.

雅典民主派首领色累西彪拉斯帅师与雅典 "三十僭主" 之师战于木尼吉亚，因群众不满日增，"三十僭主" 大败，或死或逃。三千人会选出 "十人委员会"。斯巴达王保塞尼阿斯帅师临雅典，遂以武力推翻十寡头，另推举出较为和缓之十寡头，与色累西彪拉斯妥协，大赦以前政治犯，但三十寡头及其党羽除外。雅典内乱，暂告结束。

401 B.C.

波斯大流士之二子阿塔泽尔士及居鲁士发生内讧。居鲁士战死。

韩、赵、魏封侯·三晋伐齐

春秋时期，晋国本有赵氏、魏氏、韩氏、知氏、范氏、和中行氏六卿。战国初年（前458），知氏、赵氏、韩氏、魏氏兼并范氏和中行氏，并瓜分其土地。前453年赵氏、韩氏、魏氏又联合消灭知氏，三分其地。从此，晋国大地为韩、赵、魏三家割据，控制了晋国政权，晋君反朝于三家之君。齐田悼子去世后，田氏发生内乱，三晋乘机向齐发起进攻，企图在中原地区扩大其势力范围。周威烈王二十二年（前404），三晋联军再一次向齐国发起进攻，一直打到齐

战国前期蟠夔纹敦。盛食器。器腹似鼎，并有鼎状附耳，下承矮圈足。此器形制比较少见，战国三晋地区鼎多矮足，器腹几乎及地，只能实牲而不能烹煮。此为鼎的变形，把三矮足改变为矮圈足，盖隆高可却置使用。

的长城处（齐长城，西起防门——今山东肥城西北，东至琅琊入海），三晋声威一时大振。魏文侯将齐国的俘虏献给天子，天子赏文侯以上卿，属羌钟可能就是这一段史实的记录。周威烈王二十三年（前403），周天子正式册命韩虔、魏斯、赵籍为诸侯，韩、赵、魏自此成为三个独立的诸侯国。史称"三家分晋"。其中韩国据有今河南中部及山西东南部，国都在阳翟（今河南禹县）；赵国据有今河北省的中部和河南省的北部和今山东部分土地，国都在邯郸（今

河北邯郸）；魏国据有今陕西东部、山西西南及河南北部地区，国都在安邑（今山西夏县）。

厤羌钟

又名厤羌氏编钟、厤钟、厤芎钟、厤羌编钟。河南洛阳金村太仓古墓出土。

传世共14枚，1至5钟正面钲间4行32字，6至14钟正背钲间铭文相同，各2行4字。第一钟高32厘米，铣间17.6厘米；第十二钟高14.1厘米，铣间8.1厘米。

铭文记录了周威烈王二十二年，晋君韩景子虔命厤羌率军征伐秦国、迳迫齐国的史实。主人公以入长城之军队为先锋，会师于平阴，作战勇武，得成功业，使楚都君臣为声势所夺。因此受到韩宗的赏赐。晋公的赐令为天子所知。此器是战国晋器的代表作，一套编钟制作精美，文字形体大方，显示了晋文字的特点。

厤羌钟铭文

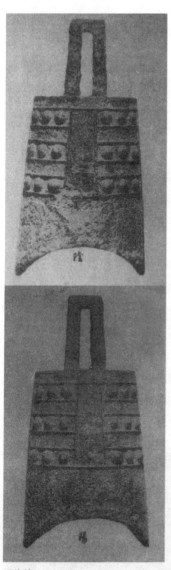

屬羌钟　　　　　　　　屬羌钟铭文

西门豹治邺

群
雄
逐
鹿
天
下

邺县（今河南安阳和河北临漳一带）位于魏、赵交界处，地处战略要冲。魏文侯改革中为加强边防，派西门豹到邺县任县令。该地人烟稀少，田园荒芜。由于漳河年久失修，每年雨季，泛滥成灾。当地的三老、廷掾与巫祝勾结，谎称漳河泛滥是"河伯显圣"，只要每年挑选美女送给"河伯"为妻，就可免除水患。他们以为河伯娶妇为名，横征暴敛。每年所收的数百万钱，只有二三十万用于为河伯娶妇，其余瓜分殆尽。每到为河伯娶妇之时，巫婆到处巡行，见有贫家女漂亮，强行聘娶。到为河伯娶妇之日，将她放在新床之上，然后将新床放到河里，顺流漂浮，行几里以后，少女就沉入河底，巫婆声称新娘已被河伯接去。老百姓唯恐自己的女儿被选中，纷纷背井离乡，当地人口日益减少，田地荒芜，人民生活困苦。西门豹到任后决心为民除害，到为河伯娶妇之日，西门豹亲临现场，三老、廷掾以为是新任县令也为河伯送妇，早已到齐恭候。远近百姓亦扶老携幼前来观看。西门豹下令将新妇带

邺城西门闸及西门渠遗迹

上来。巫婆将她领来后，西门豹随便看一瞥，便说新娘相貌平平，不能中河伯之意，命令巫婆去报告河伯，改日选到美貌之妇后再送。巫婆一听，脸色陡变，即被西门豹的随从扔入漳河。西门豹双目凝视河水拱手肃立，然后对随从说："老巫婆久去不归定是年老力衰之故，再派其徒弟去催促。"随从又将三个小巫婆投入河中。良久，西门豹转向乡官们说："巫婆皆是女流之辈，不会办事，劳驾三老亲自去通报河伯！"三老随之被投入河中。又等候良久，西门豹对身旁的县吏豪绅们说："巫婆、三老办事不力，请在你们之中再派一人去催问。"官绅惊恐万分，纷纷跪倒，磕头求饶。两岸百姓无不拍手称快，西门豹说："河伯留客太久，我们回去了。"官绅个个抱头鼠窜，仓遑逃命。从此，邺县再无人敢为河伯娶妇。

随后，西门豹又对邺地的政治和经济进行改革。他发动民众开凿了十二条水渠，引漳河水灌溉农田，使盐碱地变成了良田，亩产比其它地区高出四倍多，漳河水也很少再泛滥。西门豹主持的民众军事训练也颇具特色。西门豹在邺任职几年，粮库里不存粟菽，钱库里没有金银，兵库里没有多余的兵械。有人向魏文侯告发，魏文侯亲自到邺县去察看，情况果然如此，大为生气，声言要治西门豹的罪。西门豹认为，要成就霸主之业，必先蓄积于民，只有亡国之君才终日充塞富库。因此他虚其府库，藏富于民。魏文侯不信。西门豹走上城楼，击鼓召集兵民，随着鼓声，民众果然披铠甲，挂弓箭，驾牛车，挑粮食，云涌而来。魏文侯大为赞叹，同时后悔自己偏听偏信。经西门豹治理，邺县生产发展，军事力量增强，百业兴旺。他北击燕国，收复失地，使邺县成为魏国的东北屏障，为魏文侯时代魏国的勃兴作了重要贡献。

赵烈侯开始改革

周威烈王二十四年（前402），赵相国公仲连试图革新赵国政治。

赵烈侯爱好音乐，对郑国歌唱家枪、石两人十分欣赏。赵烈侯问公仲连，若有喜爱的人是否可以使他尊贵。公仲连说不能，只能让他富裕。赵烈侯打算赏赐枪、石二人田各一万亩。公仲连口头应诺，但迟迟不兑现，其后，赵

烈侯问及此事，公仲连便称病不朝。此时，番吾君向公仲连推荐牛畜、荀欣、徐越三人，公仲连又把这三个人推荐给烈侯。牛畜建议烈侯行仁义，荀欣则建议选贤任能，徐越建议烈侯节财敛用，察度功德。烈侯采纳了他们的建议，宣布给歌者赏田的决定作罢，同时任用牛畜为师，负责教化；荀欣为中尉，负责指挥作战和选拔官吏长官；徐越为内史，负责征收田租和考核臣下政绩。

从用人开始，赵烈侯进行了一系列改革，赵国逐渐出现了繁荣景象。

在这个时侯，整个战国时代均进入改革，这与春秋时个人的具体摸索不同，而是综合国力的全面改革。赵烈侯改革是继魏文侯改革之后改革的先驱。

思想家子思逝世

周威烈王二十四年（前402），思想家子思逝世（前483～前402）。子思，姓孔，名伋，孔鲤之子，孔子之孙，鲁国陬邑（今山东曲阜）人，传为曾参弟子。他以儒家道德观念"诚"（真实无妄之意）为世界本质，以"中庸"为学说核心。把"诚"视为超乎时空独立自成的精神实体，又视之为社会伦理制度之准则。

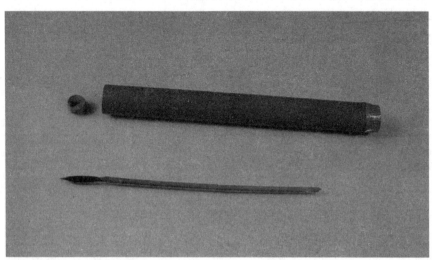

战国时期的毛笔

认为天地万物依赖它而存在，又说："诚者，天之道也；诚之者，人之道也。"以"诚"为天人合一的理论依据。后世尊子思为"述圣"，著有《中庸》。

《中庸》是儒家的经典之一，重点发挥孔子"过犹不及"的思想，要求人们追求"和而不流"、"中立不倚"的境界，在君臣、父子、夫妇、兄弟、朋友这五种关系中实行智、仁、勇三德，以此为修身、治人、治国的基本。《中庸》的核心观念是"诚"。这些观点对后代的思想产生了深远影响。

子思的弟子孟子也发挥其说，形成战国较早的儒家流派代表——思孟学派，思孟学派作为发扬孔子学说的主要派别对后来宋明理学有很大影响。

1973年长沙马王堆一号汉墓出土帛书中有一组古佚书，经学术界研究，很可能属于思孟学派的"五行说"。

战国早期鹰首提梁壶。壶口与盖作鹰首状，双目圆睁，喙启闭灵活。提梁穿过盖上双环，与头部的双耳衔接。壶头长，腹深，平底，矮圆足，通体饰瓦纹，腹中部一道凸弦纹，腹背有一环形钮。整个器物造型生动，纹饰质朴，设计合理，使用便利。

秦岭褒斜栈道

栈道又名"阁道"、"复道"，是沿悬崖峭壁凿石为洞、插木为梁、架以板或石而建成的一种道路。栈道始于何时，尚无确切考证，据史料记载，战国时代即已开始修建，著名的褒斜栈道即通于此际。褒斜栈道北起陕西褒城褒谷（在今陕西省宝鸡市以南），中经秦岭、褒水、汉中等地至郿县斜谷，全长470公里。该栈道

秦岭褒斜栈道示意图

初通于周幽王伐有褒（前781～前771）前，前四世纪秦惠王起兵伐蜀就通过这条栈道。秦灭蜀后，为了政治、经济、军事上的需要，大加整修，终于秦攻楚国汉中时（前312）将栈道彻底打通，使褒斜栈道成为秦岭南北交通的大动脉。

褒斜栈道开通后，陆续使用了一千多年，现仍有栈孔和一些与栈道有关的碑石遗迹留存。

彩绘漆瑟

彩绘漆瑟是河南信阳市长台关一号楚墓出土的珍贵漆器，已残，残长 15 厘米、宽 12 厘米、厚 2.2 厘米。该残片为瑟首的一部分，髹黑漆，上彩绘狩猎图案。从残片画面可见，一猎者居中，头戴黄色高顶帽子，裸胸，银灰色的下衣着地，右手张弓，左手拉弦，正欲射前面一鸟首、细腰、长腿的怪物。猎者周围，有互相厮杀的龙蛇和两犬逐鹿、肩抬死兽、缭绕的云气等景象。其画工细入微芒，然其用笔却一挥而就，真可谓臻于"意存笔先，画尽意在"之境，艺术价值之高，令人叹为观止。

战国早期彩绘出行图漆器残片。此残片为木质，髹黑漆，其上用朱漆绘精致的车马人物出行图案。

彩绘漆瑟展现了战国早期楚人的生活场面，也反映了战国时期卓越的绘画水平。瑟本身是现存最早的实物，体现了当时乐器的发达水平。

THE CHINESE CIVILIZATION

战国早期彩绘木雕蟠蛇漆卮。此卮为厚木胎，圆筒形，子口承盖，盖顶略凸平底。盖上雕八条蟠蛇，四条红蛇头向盖顶正中，四条黄蛇头向盖缘四周。卮身四周雕十二条蟠蛇。器表满髹黑漆，器内髹朱漆。蛇的头、身和鳞片以朱、黄漆绘出。

072

战国早期彩绘射猎图漆瑟残片。此残片为瑟首的一部分,髹黑漆,其上彩绘射猎图案,从残存的画面可见,一猎者居中,头戴黄色高顶帽子,裸胸,银灰色的下衣着地。他右手持弓,左手张弦,欲射前面一鸟首、细腰、长腿的怪物。在猎者的周围还有鹿、龙、云气等。这幅漆画既反映出楚国画工熟练的彩绘技巧,也是战国早期楚人生活的生动写照。

群雄逐鹿天下

中国首创生铁铸造技术

战国铁鬲

春秋战国时期，中国在世界上首先发明生铁铸造技术。

冶炼生铁必须具备几个最为基本的条件：一是具有足够高的温度，二是始终保持足够强的还原性气氛，三是具有足够大的冶炼空间。中国古代很早发明了竖炉炼铜，积累了一整套高温还原冶炼的经验，中原地区在冶炼出块炼铁后不久，就炼出了生铁。长沙杨家山鼎形器等，是中国，也是世界上最早的生铁铸件。

春秋战国时代的生铁铸造遗址在河北易县燕下都，河北兴隆，河南登封、西平、新郑，山东临淄、滕县等都有发现，其中出土了大量铁渣、部分铸范以及炉壁残块。春秋晚期的铸铁实物，已出土的有铁鼎、铁块、铁条、铁削（匕首）、铁鬲、铁锛等，出土地点分别为江苏六合程桥，湖南长沙龙洞坡、识字岭、杨家山，常德德山，河南三门峡后川，洛阳中州路，信阳长台关，山西侯马等地。从这些实物中，我们可知当时生铁冶铸技术的基本状况。

化铁炉技术。1977 年，河南登封阳城外发现一座战国铸铁遗址，出土了许多炉底残块和炉壁残块。前者是由掺了粗砂的粘泥制成，后者依工作部位

战国铁斧范。据化验为含碳3.82%的标准白口铁，说明是采用液体生铁铸造的。

的不同，从材料到构筑方式都有三种情况：一是炉底周壁残块，是由耐火泥夹入铁锄残块制成；二是炉腹内壁残块，是用泥条盘筑而成；三是炉壁口部残块，是由草拌泥条上下重叠而成。

陶范铸造。登封阳城陶范的器形有镬、锄、镰、斧、刀、削、戈、带钩等，所有范料都由细砂精制而成。1957年，长沙出土的战国铁铲器形完整，器身厚1～2毫米，可见战国陶范铸造技术已达相当高的水平。

铁范铸造。铁范约发明于战国前期，战国中晚期后，人们将它用于农具、手工业工具的铸造上。今河北兴隆出土的战国铁范共有87件，器形有锄、镰、镬、斧、凿、车具等。铁范可反复使用多次，可减少工作量，提高生产率。

生铁铸造技术的掌握及其后不久生铁经退火制造韧性铸铁和以生铁为原料制钢技术的发明，标志着生产力的重大进步铁器在更大程度上满足了社会

战国双镰铁范。经化验证明为标准的白口铁铸件。范腔光滑，范壁厚薄均匀，浇铸时受热均匀。

生产、社会生活的需要。相比之下，欧洲几乎迟了两千年才掌握了生铁冶铸及铸铁可锻化退火处理的技术。

铁器普及生活各个方面

战国时期，随着冶铁业的发展和冶铸技术的突飞猛进，铁器已普及到生活的各个方面。据《管子·轻重乙》记载："一农之事，必有一耜、一铫、一镰、一耨、一椎、一铚，然后成为农。"它反映出农具已成为农民所不可须臾离开的重要的生产工具。

当时的铁器主要有武器、生活用具和生产工具。生产工具主要是铁农具，河南辉县固围村出土的战国铁农具有犁铧、铧、锄、铲、镰等；河北易县燕下都出土的铁农具还有五齿耙。同一类的铁农具还有不同的形式，如镢有长方板楔形和长条椭孔形；锄有梯形、六角梯形和凹字形铁口锄。生活用具的铁制品更多，如铁刀、铁斧、铁削、铁铣、铁锛、铁锥、铁凿以及铁镭等。

战国中期以后，铁器的成型和加工工艺技术都达到相当高的水平，采遍采用白口铁铸件经控制脱碳热处理的方法来制造铁器。通过这种方法制造的铁器，既坚硬又耐用。铁器的大量涌现及普及，大大方便了当时的社会生活。

397 B.C. 周安王五年

400 ~ 391B.C.

战国

聂政刺杀韩相侠累。

魏文侯卒。子击立，是为武侯。

396 B.C. 周安王六年

郑相驷子阳之党杀郑缪公而立幽公之弟乙，是为康公。宋悼公卒，子田立，是为休公。

魏武侯以商文为相，使吴起守西河。

西门豹为邺（今河北临漳西南邺镇）令时凿十二水渠，引漳水灌溉。

395 B.C. 周安王七年

李悝卒（前455）。一说即李克。曾任魏文侯相，主持变法，又编成《法经》，是我国第一部系统法典。

394 B.C. 周安王八年

齐攻鲁取最，韩救鲁。

391 B.C. 周安王十一年

齐田和迁其君齐康公于海上，食一城，田和遂有齐国。

三晋败楚师于大梁，又追败之于榆关。楚畏三晋，与秦和、厚赂秦。

思想家、教育家墨翟约卒于本年（约前468～前391）。

道家杨朱约活动在墨子后、孟子前。

399 B.C.

雅典市民大会表决将苏格拉底判处死刑。

396 B.C.

斯巴达王阿吉西劳率军征波斯，大败波斯军。

罗马围攻维伊十年（前405～前396），克之。从此罗马声势超过拉丁联盟。

395 B.C.

斯巴达人败波斯军于吕底亚，进攻萨底斯。科林斯战争开始（前395～前387）。

394 B.C.

七月，斯巴达败雅典、阿哥斯、科林斯联盟于科林斯。

八月，雅典将科农为将于波斯，率波斯舰队大败斯巴达舰队于克尼达海角，斯巴达将皮山大战死，小亚细亚诸希腊城邦纷纷将斯巴达戍军逐出，重新尊奉波斯为宗主国，斯巴达霸权遂衰。

魏文侯任用吴起

吴起像

  周安王六年（前396），魏文侯以吴起善于用兵，任命他驻守西河郡。西河郡（今陕西华阴以北、黄龙以南、洛河以东、黄河以西的地区）与魏本土有黄河相隔，又地处西陲，随时有被秦和韩两国攻击之虞，翟璜向魏文侯举荐吴起，魏文侯不敢贸然决定，便询问李悝。李悝认为吴起虽然贪婪而喜好女色，但治军用兵却是一位杰出人才，就连古代名将司马穰也不在他之上。吴起本是卫国人，喜好兵法，曾经就学于孔丘的弟子曾参，并事奉鲁君。齐攻鲁，鲁欲命吴起为将，但又疑心他是否堪当重任，吴起于是杀其妻，以表明自己与齐战斗的决心。鲁以吴起为将，遂打败齐国。鲁人议论吴起猜忌残忍，杀妻以求为将。鲁君怀疑吴起，而不起用他，吴起这才到魏以谋求发展。

  魏文侯先任命吴起为将，击秦，拔其5城。吴起为将，与最下等的士卒吃穿同样，卧不设席，行不骑乘。行军时吴起亲自背负粮食，与士卒分劳苦。士卒有病疽者，吴起亲自去吸吮脓血。由于吴起对士卒关怀备至，所以他麾下的士卒皆努力作战。吴起战果辉煌，是战国名将，并且在军事理论上也有造诣，成为战国时代中国军事代表人物之一。

吴起论治国之道

吴起任西河郡守之后不久，魏文侯去世，太子击出继为魏武侯。与战国时期一般的诸侯国君不同，魏武侯早在继位之前就是一位立有赫赫战功的杰出将领。

周安王七年（前395），魏武侯曾和吴起泛舟沿河而下，魏武侯对吴起说："美哉乎！山河之固，此魏国之宝也！"吴起没有随声附和，而认真地指出魏国应当宝贵的在于德，而不在于山河的险固。古时候三苗氏所居之处，左洞庭、右彭蠡，形势虽险阻，但由于不修德义而被禹灭掉，由于相似的原因，夏桀被汤灭掉，殷纣被武王灭掉，由此观之，国之所宝，在德不在险。假若君主

战国虎鹿牛贮贝器。云南古墓群出土。器身为圆筒形，三器足作人形跪举状。器内装有海贝。筒身铸阴纹，以弦纹和节纹横向区分三段，段间铸雉鸟衔蛇和鹿群等图象。含有一定的宗教意义。

不修德，那么同舟之人也可尽为敌国。对于吴起的宏论，魏武侯连连称善，表示信服。吴起的治军之术与治国之术联系在一起，表现了他作为战略家的眼光。

群雄逐鹿天下

战国使用块炼铁制造铁兵器

块炼铁是古代在较低的冶炼温度下，使铁矿石固态还原获得的铁块。其方法是在平地或山麓挖穴为炉，装入高品位的矿石和木炭，冶炼后取出全部炉料，此时，矿石中的氧化铁已还原成金属铁，而脉石成为渣子，经锻打渣子挤出。块炼铁含碳极低，质地柔软，适合于锻造成型。

中国青铜兵器在东周时期发展到了高峰，也就在此时，中国的冶铁技术开始有了长足的进步，这就是采用了简便而实用的块炼法生产块炼铁，钢铁兵器从此诞生。1990年在河南三门峡市上村岭西周晚期的虢国墓中出土的玉首铁短剑就是以块炼铁锻打而成。1975年在湖南长沙春秋晚期的楚国墓中发现的短剑，则是用含碳0.5%的中碳钢反复锻打而成。

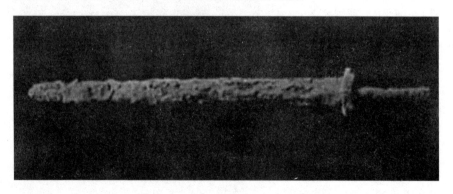

战国钢剑，中国已发现的最早钢兵器。

到战国中晚期，钢铁兵器有了较大发展。当时南方的楚国和北方的燕国较多地使用钢铁兵器。湖北、湖南等地战国中晚期的楚墓中，发现了为数不少的钢铁兵器，其中有剑、矛、戟等。战国末年时的燕国也有相当的钢铁兵器生产能力，品种上除有剑、矛、戟，还有防护装具胄和铠甲。从总体上看，直至战国晚期，钢铁兵器的数量还是有限的，只是在一些国家部分地装备了军队，但它预示了钢铁兵器即将取代青铜兵器的趋势。

聂政刺杀韩相侠累

周安王五年（前 397 ），聂政刺杀韩相侠累。

濮阳人严仲子，原来事奉韩哀侯，后与韩相侠累发生隔阂，恐被侠累诛杀，便逃亡在外，寻求可以替他报复侠累的人。严仲子到齐地听说聂政是一位勇敢豪侠之人，便去拜见他。聂政原因杀人而躲避仇家和母、姊居于齐

汉画像砖刺客图

地，以屠宰为业。严仲子奉黄金百镒为聂政之母祝寿，聂政惊怪其厚礼而固谢绝。聂政说："臣幸有老母，家贫，客游以为狗屠，只求能够养家糊口也就行了，不敢当您的厚赐。"严仲子遂将自己的用意说明。聂政谓："臣所以降志辱身，居市井屠，徒幸以养老母，老母在，政身未敢许以人也。"严仲子固请，聂政坚辞不受，严仲子只得具备宾主之礼而去。

过了一段时间，聂政母死，聂政埋葬了母亲，待除去丧服以后，思忖自己乃市井之人，是一个普通的屠户，而严仲子却不远千里而来结交，并奉黄金百镒为母亲寿礼，虽然没有接受其金，但也深知严仲子是一有识之士。原先之所以拒绝严仲子的邀请是因为老母尚在，今老母已终天年，自己理当为知己者用。于是，聂政西至濮阳见严仲子。严仲子告诉他，其仇人是韩相侠累。侠累是韩君的季父，宗族盛多，居处兵卫森严，很难下手报仇。严仲子想派

车骑壮士为聂政的助手。聂政认为人多易走漏消息，便独自前往。聂政杖剑至韩，韩相侠累正坐于府上，持兵戟而卫侍者甚多。聂政直入，上阶刺杀侠累，左右大乱，聂政大呼，连续击杀数十人。自己用剑刺坏皮面，抉出眼睛，破裂腹肠，使人以辨认，许久才死去。韩国官府将聂政暴尸街头，悬赏让人辨认，却没有人能认得出来。韩又悬赏杀相国侠累的同案犯，也没有得到头绪。聂政之姊聂荌闻有人刺杀了韩相而将刺客暴尸，便赶紧到韩国，伏在弟弟尸体上痛哭极哀。有人说刺客犯了滔天大罪，竟敢来认刺客为亲人，难道不怕死吗？聂荌说："我弟弟是为了我的缘故才自毁其身让人无法辨认的，我怎么能为自己的安危而埋没弟弟的侠义英名呢！"聂荌遂大呼苍天而死于聂政尸体之旁。

楚国漆画成就辉煌

　　战国时期，漆画艺术比以前有了更大的发展。商周时期的漆器主要表现形式为红地黑花的图案纹饰，较为简单，而春秋战国时期的乐器、棺椁以及奁（樽）、盘、青铜镜等日用器物上的漆画，则以其绚丽的色彩表现令人耳目一新。楚地漆绘如随县曾侯乙墓和湖北荆门包山战国楚墓的漆器是为代表。

战国中期漆画《聘礼行迎图》局部。湖北十里铺楚墓出土。该画绘在一个直径28厘米的漆奁上，是目前中国年代最古老、保存最完好的漆画。

　　曾侯乙墓的漆绘作品主要存于棺、衣箱、鸳鸯盒与皮甲上。棺内壁髹朱漆，外壁髹墨漆，其上再髹红漆，然后于红漆上用黑、金等色绘出繁密的龙、蛇、鸟、神人等花纹。出现于棺上的龙、蛇、鸟、鹿、凤、鱼等动物一共895个，皆为人与鸟、兽特征综合了的形象，有的手中操蛇，有的一人三首，其中有些形象可与《山海经》记述的图像相印证。这些图像线条流畅，加之丰富的

战国中期漆画《聘礼行迎图》局部

穿插变化，令人叹为观止。

包山楚墓所出彩绘漆奁的盖壁上绘有《聘礼行迎图》，表现的是先秦时期贵族之间重要的礼仪活动。漆奁盖外壁周长 87.4 厘米、高 5.2 厘米。画面以柳树为间隔，将出行与迎宾双方的活动间隔为 5 个段落。出现于画面的有各种不同社会身份的人物共 26 人，车 4 辆，马 10 匹，穿插于人物活动之间的还有飞鸟、黄犬、豕等。从其绘画表现技巧看，比之春秋、战国之交的一些青铜器上的画面有了很大进步。画家已比较自如地表现正立、背立、奔走、匍伏等各种动作，和相互之间晤面时的动态，从而以此明晰地表明其中不同人物之间的关系。马匹嘶鸣，柳树迎风，长空雁过，又增强画面的环境气氛。漆奁的用色为内红外黑，《聘礼行迎图》是在黑色的漆地上，以桔红、海蓝、土黄、棕褐、云日等色彩绘制而成。《聘礼行迎图》在构形、着色和格局营造上都表现出了成熟的手法，可以说是战国时代中国绘画的最高典范。显然，战国时代的漆绘艺术已表现出通晓色彩配置规律的高度技巧，并取得了辉煌成就。

墨子创建墨子学派

墨翟，鲁国人，生活于孔子之后，孟子之前。曾为宋国大夫。相传墨翟早年曾受过儒家教育，后来却抛弃儒学，创立了墨家学派。《墨子》一书，一共有 53 篇，大部分内容是墨翟的弟子或再传弟子记述墨翟言行的集录。

墨子的社会理论是兼爱,用"兼相爱,交相利"的原则作为拯救天下的药方。同时，"节用"是墨翟学派的经济理论的核心，他反对穷奢极欲、挥霍浪费，

群雄逐鹿天下

墨子像

"节葬"、"非乐"就是由此而提出的。

相传公输般为楚制作攻城的器具将要攻宋，墨翟闻讯就从齐步行十日十夜至郢都见楚王和公输般，宣传"兼爱"、"非攻"的道理，让楚不要攻宋，并和公输般比试攻防的器具效能，使公输般甘拜下风。墨翟还派 300 弟子赴宋帮助坚守。

墨子的哲学是浅薄的和陈腐的，他的哲学是实用的，他宣扬天意的目的说穿了也是为了证明他就是天意的代言人。

墨家学派的伟大贡献在于其科技上的观点。墨子力学的展开方式是墨子三表法的应用，也就是在对事物的本、原、用中展开对象。运动（动、行）在他的物理学中有重要的地位，墨子实际上在运动中考察时间和空间，从而在运动中把它们合为一体，这与希腊乃至西方的时空分离是不大相同的，因此可以说，时间和空间的组合是在运动变换中完成的，用时空作为运动的用，这就是组合变换。

墨经在力学上的主要贡献是在分析上，以发悬物（若发长均匀，则力分散平均）、杆杠、球体平衡、垒石平衡就都具有这一特点。

墨子的光学是墨经中的一部分，在墨经中其它物理学科占份量极少的情况下就显得极为突出。

虽然表面上它包含了很象是几何光学的东西，却不是现代意义上的几何光学。墨子几何光学的核心是影，它是在影的构成和变化的说明中包含了几何光学的东西。

因此，墨子几何光学是其变换范式的一个应用，这个范式是三表法中"用"的升华，即在用对象中，在使它物作用于对象使之变换中展开对象的性质。

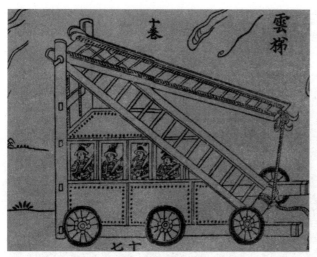

墨子学派发明的战国云梯。攻城工具。

墨经中包含小孔成像（小孔使影在大小、正反上的变化），有投影、反射以及平面、凸面、凹面镜对影的改变。这些物体都是围绕影的，是它们使影的结构发生变换。

因此墨子几何光学不包括光、光线性质的讨论，因此也缺少反射角、折射角的研究。它的核心是组合（影）在事物作用下的变换结构。

但是这八条在古代几何光学史上也是很辉煌的了，不但在后代中国没有可以与之相比的，在当时也是先进的。

《墨子》特别是其中的墨经含有很多科技内容。几何就是其中一种。墨经彻底否定了中国人擅长代数不懂几何的说法。墨子几何在很多基本几何观念上表明了当时几何的抽象水平。

墨经中的逻辑学内容十分丰富，它关于达、类、私三大种属和专名概念的分别以及谓（命、举、加）的逻辑语法是异常重要的，这已经构成了概念逻辑的基本结构。

这一结构的核心是四同（重同，二概念的外延同。体同，一方包容另一方。类同，外延相交。合同，二者组成另一概念的外延），这就构成了概念的基本结构，《大取》分为十同是繁琐化。它把概念的结构叫谓，是在实名词间进行的，二者相并组成判断（叫"合"），二者相作用使之变动叫"为"，合有三种，为有六种（存、亡、易、荡、治、化）。它关于判断的三种类型是易于理解的，而关于为的理论则不那么容易了，这实际上才是战国文明的特殊性所在。四同的概念说超出了希腊文明，而"为"则是对这个概念结构的操作变换（"合"才是希腊式的判断）。

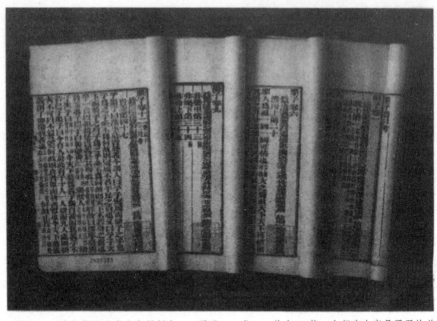

《墨子》。清光绪湖北崇文书局刻本。《墨子》一书，一共有53篇，大部分内容是墨翟的弟子或再传弟子记述墨翟言行的集录。

　　它对于蕴涵（"故"）的形式（"体"）的两个件（"端"）的充分必然的双向关系是明确提出了的，对于同一律（"彼，彼此于彼；此，此止于此"），不矛盾律（"不两可"）、量词（"尽"与"或"），偷换论题，说谎者悖论（"'以言为尽悖'悖"），表明墨经逻辑知识不但丰富，而且与希腊文明相比大大超前。

　　墨子的逻辑在概念结构及其变换上达到了一个奇妙的境界，可惜我们已不能完全复原，在此之后，中国逻辑学上没有人再达到墨经的水平。

　　从整个墨经来看，它们指的应该是《大取》的"以故生，以理长，以类行"，生对存亡，理对易荡，行对治化，是根据本（故）、原（类）、用（理）来展开概念构成辩论，相比之下，类推、援比、假设等辩论和推论方式则是零散的了。

390 ~ 381 B.C.

战国

389 B.C. 周安王十三年

齐田和会魏侯于浊泽，求为诸侯，魏武侯为之请于周安王及诸侯，周安王许之。

386 B.C. 周安王十六年

赵始都邯郸。

赵武公子朝（亦作朔）作乱，奔魏，与魏袭邯郸，不克。

385 B.C. 周安王十七年

秦庶长改杀其君出子，迎立灵公太子师隰，是为献公，秦以数易国君，政治紊乱，故为魏所侵。

韩攻郑，取阳城；又攻宋，至彭城，执宋君，已而释之。

齐攻鲁，破之。

384 B.C. 周安王十八年

秦废除用人殉葬。

383 B.C. 周安王十九年

秦修筑栎阳，都之。

382 B.C. 周安王二十年

魏相商文死，公叔为相，逐吴起，吴起出奔楚，楚悼王任为令尹。吴起教悼王裁抑贵族之权，厚赏选练之士，徙贵人于边境，以实广虚之地，楚贵族恨之。

381 B.C. 周安王二十一年

楚悼王卒，贵族攻杀吴起，太子臧立，是为肃王；肃王杀为乱者七十余家。

墨者巨子孟胜与楚阳城君善。

楚约在此时置巫郡、黔中郡。后列国也多设郡，郡有数县。郡长官称守，县长官称令。

389 B.C.

雅典重新克服塞索斯、拜占廷等邦，派兵往戍，海军又逐渐恢复。

387 B.C.

波斯总督召开和会于萨斯，希腊和各交战城邦皆遣派代表赴会，议决。科林斯战争结束。

柏拉图著《饮宴篇》。

343 B.C.

业里斯多德被聘为马其顿王子亚历山大教师，居马其顿凡八年，后归雅典。

380 B.C.

埃及第三十王朝（前380～前343），最后一届统治国家的本国王朝建立。

吴起改革·遭致杀身

周安王十二年（前390）左右，吴起在与贵族商文争夺相位的斗争中失败，他的仇敌大夫王错乘机挑拨，魏武侯对吴起遂生疑心，撤去他西河郡（今陕西华阴以北，黄龙以南，洛河以东，黄河以西地区）守之职。吴起被迫离开魏国，投奔楚国。楚悼王任命他为楚国北部边防要宛（今河南南阳市）守，以加强对魏、韩二国的防御。次年，又任命吴起为令尹（相当于国相），主持楚国变法。

周安王十七年（前385），令尹吴起开始在楚国主持变法。吴起认为楚国地广人多，军队有百万之众，曾经称霸于诸侯，现在国家却贫弱不堪，主要原因是大臣权势过重，受封食禄者太多，不仅耗费大量国家钱财，还利用权势对上威胁国君，对下欺压百姓。要改变这种局面，只有"明法审令"，重新编定官员等级，订出奖惩的章程，实行变法革新。楚悼王十分赞成他的主张，决心起用吴起实行变法。变法首先压抑贵族，集权中央。封君凡已经传了三代的，都取消爵禄，子孙不再继承。公族出了五辈的，一律取消特权和俸禄，迁到边远贫瘠的地区，从事生产，自食其力。原有土地由国家收回，在政治上和经济上给旧贵族以沉重打击。又整顿政治机构，裁减无能无用和不必要的官员，并削减官吏的俸禄，用以抚养战士，奖励军功。严禁私门请托，互相勾结，危害国家。提倡尽忠于国，不得因个人"私"利损害国家利益，从而限制了贵族对国家的干预。在军事上，提出"厉甲兵以时争于天下"，建立强有力的军队，由国君统率，用它统一全国。为了加强首都防卫，城墙高度由过去的两板增加到四板。还明文规定不许纵横家在国中游说。吴起还为楚国开拓疆土，南收扬、越，北并陈、蔡，击退三晋，攻秦国，并进逼魏之黄河两岸。

吴起变法沉重地打击了楚国旧贵族，加强了王室的权力，使楚国迅速强盛。但是，吴起的变法着重在中央集权和强兵等方面，缺乏改革社会经济制度的措施，更未触及土地所有制问题，改革并不全面，有些措施未能赢得人民的广泛拥护，旧贵族更恨之入骨。变法之初，便遭到旧贵族反对。屈宜臼指责吴起变法是变乱常法，吴起好用兵是大逆不道，认为楚悼王支持改革是逆于天道，任用吴起将会助逆成祸，甚至当面辱骂吴起为"祸人"。周安王二十一年（前381），楚悼王去世，吴起处境十分困难。吴起逃到楚悼王治丧的处所，贵族们手持各种兵器蜂拥而至，吴起遂伏在悼王尸体上，贵族们乱箭齐射吴起，及于悼王尸体。按楚之法律，以兵器伤及国王尸体，要全部处死，并诛连三族，许多贵族因此被诛。吴起虽被车裂肢解而死，但他的变法对楚国产生了深远影响。

田氏代齐

经长期发展，田氏终于代姜氏据有齐国。

田氏本是郑国贵族。春秋初年郑国内乱，公子完逃往齐国，被齐桓公任命为"工正"。公子完的后代就是齐国的田氏。齐景公时，田桓子采取各种手段笼络民心，使齐国的大量民众逃往田氏门下。周敬王三十一年（前489），田桓子的儿子田乞（田僖子）发兵驱逐齐国旧贵族高氏和国氏，由田氏控制了齐的军政大权。齐简公时，田乞的儿子田常与监止任左右相，监止得简公宠信，谋杀田常。在民众支持下，田常以武力取胜。田常（田成子）

战国铁胄。甲胄是疆场自我保障手段之一。在冷兵器时代，甲胄的作用明显。甲胄的制造与使用，与生产、战争艺术的发展有密切关系。

战国镶嵌云镜。照容用具。齐国故城出土。

继续采取小斗进、大斗出的办法，争取民众支持，民间流传着"妪乎采芑，归乎田成子"的歌谣，说明了齐国民心向着田氏。周敬王三十九年（前481），田成子将出逃的齐简公和监止捉回杀死，将鲍氏、晏氏以及有势力的公族一一诛除。周安王十一年（前391），田成子曾孙田和将齐康公迁于海上，使食一城，以奉其祀，田和遂有齐国。周安王十五年（前387），田和与魏武侯、楚人、卫人会于浊泽（今河南白沙水库东），求为诸侯，魏武侯派使臣言于周安王和诸侯，转达田和的请求，周安王许之。第二年，田和正式立为齐侯，列于周室并改元。

齐侯太公田和死后，其子午继位为齐桓公。周安王二十三年（前381），齐康公贷死，姜齐亡，其奉邑皆入于田氏，至此，田氏代齐才算最终彻底完成。

秦献公改革秦政

周安王十五年（前387），秦惠公卒，子出子即位。出子年幼，秦国政权实际上掌握于其母亲小主夫人和宦官之手，政治黑暗，秦国内部开始骚动。

此时，出奔在魏的公子连（师隰），想重新返回秦国，夺取政权，国内反对小主夫人的新兴势力也期待他回国。他几经周折，从焉氏塞（即乌氏塞，今宁夏固原东南）入境，在秦庶长菌改策划下，将他接回秦国。小主夫人闻讯，发兵讨伐。但秦国军民反对秦出子母子，在进军途中，吏卒倒戈转而拥护公子连。公子连在军队拥护下回到秦都城雍（今陕西凤翔西南）。小主夫人见众叛亲离，在一片绝望声中自杀，秦出子也被杀，公子连取得君位，是为秦献公。

秦献公即位之初就命令废止已相沿数百年之久的人殉制度。周烈王元年（前375），秦献公将秦国人户按5家为一伍的单位编制起来，称为"户籍相伍"。这一制度与宗族制不同，大大削弱了人与人的宗法依附关系，促进了生产发展。秦虽非首先实行户籍制度，但秦的户籍制却最严格、最规范，今天我们的户籍制就是这一制度的延续。

秦献公即位后的第二年，命令修筑栎阳（今陕西富平东南）城，并迁都于此。栎阳距魏很近，因为此时河西地区尚为魏所拥有。秦献公迁都于栎阳，主要是从军事需要考虑的，并反映了恢复河西地区的决心。另外栎阳"东通三晋，亦多大贾"，是商业贸易繁盛，往来要冲之地。献公迁都于此，显然对于秦国摆脱闭塞状态是有利的。秦献公还集中推广县制。秦国早在春秋时期就在边远地区设置带有军事性质的县，战国初期又不断增置，如周定王十三年（前456）设频阳县（今陕西富平东北）、周安王十三年（前389）在陕（今河南三门峡西）设县。秦献公使县制更为普及，周安王二十三年（前379），秦献公把蒲、蓝田、善明氏等改建为县，周烈王二年（前374），秦献公又在栎阳设县。郡县制后来成为我国地方行政制度的核心。

由于秦献公采取了一系列的措施，所以秦的国力上升，使秦国在同三晋的斗争中由败转胜。周显王三年（前366），秦国出兵向韩魏联军进攻，大败韩魏联军于洛阳，取得首次重大胜利。可以说秦献公是秦国发展史上一位有贡献的杰出人物。

中山复国·徙都灵寿

周威烈王十八年（前408）中山武公统治时期，中山国政治腐败，魏文侯乘机命大将乐羊率军越过赵国攻灭中山。魏文侯派太子击驻守中山，并曾一度命李悝治理中山国事。后来，太子击返魏，魏又以其弟挚为中山君。在这个时期，中山国地区的居民安居乐业，经过魏国的治理，中山和中原各国加强了交往，促进了当地经济与文化的发展。

中山国虽被魏灭，但中山君尚不绝祀。魏与中山相隔甚远，中有赵国相隔，不能有力地控制中山。周安王二十二年（前380），乘魏与诸国混战不已，无暇控制的机会，中山复国。在战国初期，中山本建都于顾（今河北定县），复国之后，中山桓公徙都于灵寿（今河北平山）。

中山国蟠虺纹筒形器

1970年，考古工作者在平山县三汲一带发现一座古城遗址，从已发现的城墙遗迹看，这座古城南北长约4000公尺，东西宽约2000公尺以上，城内发现有战国时期居住遗址和制作青铜器、铁器、骨器、陶器等的半工业作坊遗址。这座古城就是中山复国后的都邑灵寿。

中山侯钺。钺是权力的象征。

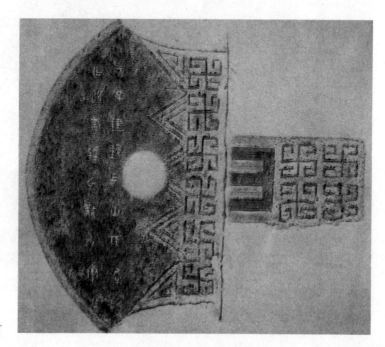

中山侯钺拓片

中山王错壶。腹壁和圈足有铭文共204字。铭文先刻于圈足上，记壶铸于中山王错13年，监造的工官及壶的重量。铭文对研究中山国史至为重要。

战国时代的床

战国折叠床

战国折叠床

吴越青铜器

春秋战国时期长江下游吴、越两国的青铜器，因有相当多共同点，故统称吴越青铜器。主要出土于江苏南部、浙江北部和安徽东部一带。吴越青铜器可分为中原系统和本地系统两大系。属于中原系统的器物如鼎、簋、尊、卣、盘等，造型带有本地特色，与中原地区的器形又不尽相同。其中鼎主要是撇足鼎，通称越式鼎。簋则为浅腹扁体，双耳或作出繁复的镂空花脊，

战国蟠首盉。和酒器。器身呈扁圆形，盉嘴为立体的龙首，角型极为复杂。全器以蟠螭为主的装饰雕塑，表现出生动细巧的风格，是反映越国青铜文化的重要实物例证。

耳下或垂尖勾状小珥。尊多为侈口、短颈、扁圆鼓腹。在中原地区，西周中期以后尊已消失，但在吴越及其以南的地区尊却长期存在。卣体则较粗短，盘的双耳与口沿平齐，离器壁很近，有的甚至紧贴器壁。本地系统的青铜器，形制独特，如江苏丹徒烟墩山出土的角状器。大港母子墩出土的飞鸟盖双耳壶、鸭形尊，武进淹城出土的三轮盘，镇江出土的瓠形錞于等，在吴越地区以外很少见。吴越青铜器上的纹饰如变形兽面纹、编织纹、锥刺纹、纠结草叶纹等，亦不见于中原地区。

战国前期鸟柱房屋模型。明器。平面呈长方形，明间略宽于次间，两次间等宽。屋前敞开，立有圆明柱两根。左右两壁透空，后壁中央开有小窗。浙江绍兴狮子山出土。

战国前期鸟柱房屋模型局部

吴越地区的青铜兵器特别是剑及青铜农具也很发达。吴国的吴王光、吴王夫差、夫差大子姑发间反之剑，越国的越王鸠浅(勾践)、者旨于旸(鹿郢)、州句(朱句)等人的剑均铸造精美，有的至今仍极锐利，剑身或布满菱形暗纹，剑格或嵌松石、琉璃，并常有错金铭文。农具方面有犁、臿、铲、锄、镰、铚等，在中国其他地区青铜农具出土的数量则很少。

铜绿山矿成形

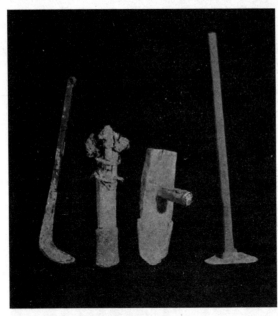

铜绿山汉代铜矿遗址出土的铁工具

铜绿山矿冶遗址位于湖北省大冶县，是中国已发现的规模最大、保存最完整的古代矿冶遗址，矿区南北长约2公里，东西宽约1公里。露天采场7个，地下采区18个，采矿井巷近400条，遗留的炼铜炉渣40万吨以上，推算累计采铜应在8万~12万吨。遗址出土了一批炼铜炉，还出土有用于采掘、装载、提升、排水、照明等的铜、铁、木、竹、石制的多种生产工具等遗物。经科学测定，铜绿山矿的开采至迟始于西周末年，经春秋战国时期延续到汉代。但在战国时代，铜绿山矿的开采基本成形，已达到相当的采掘规模与采掘技术水准。

铜绿山矿的古代地下开采早期，井巷掘进过程基本上就是采矿过程。到战国晚期，开拓、采掘、回采等步骤才渐趋明显。与之相应的是井筒支护、分级提升、排水、选矿、充填采矿等工艺相继出现和完善。

世界罕见的古代铜矿采区湖北铜绿山矿冶遗址

井巷开拓与支护：①立井（包括盲立井），断面一般为正方形，少数为矩形。战国时期采用经过加工的方木（或圆木）密集式垛盘支护，井口净断面最大者为1.3×1.3米，加工整齐，尺寸划一，架设后稳固持久，同近代的木结构井架相似。②斜井（包括盲斜井），战国时期发展为阶梯式斜井，由净断面为900毫米×900毫米的"马头门"和900毫米×1000毫米的短巷组成。支护方式为井框支架垂直于斜井的底板或井框支架沿铅直方向铺设，两种支护方式表明当时对斜井的支护有了多方面经验。③平巷。战国时期的平巷断面较前为大，人可以直立行走。

采掘工具：西周至春秋时期的金属工具为铜制，战国开始用铁制。出土的遗物中就有铁制的凿、锤、锄、斧、耙等。

地下采矿方法：可分为四种类型，一是群井开采，二是方框支柱开采法，三是护壁小空场法，四是横撑支架开采法。

矿井提升和排水：战国时期已开始用木辘轳提升用竹筐、藤篓等制成的装载工具。排水方面春秋时期就有了较完整的排水系统。一种是利用废弃的巷道或专设泄水巷道，另一种是贴平巷一侧的背板铺成排水木槽，将水引向排水井提升出去。

炼铜：铜绿山在2700多年前已采用鼓风竖炉炼铜。春秋早期的炼铜竖炉由炉基、炉缸、炉身三部分组成，竖炉外形为竖立的腰鼓形，高2.7米，最大直径1.6米，为适应高温熔炼，竖炉的不同部位配制不同的耐火材料，夯筑而成。

在冶炼技术水平上，战国时期的铜绿山人已掌握了配料技术，用不同种类的矿石相互搭配，使铜锭的含铜量达到94%左右，含铁量小于5.4%。

380 ～ 371 B.C.

战国

379 B.C. 周安王二十三年

齐康公卒，太公望之后绝祀。

秦初县蒲、蓝田、善、明氏。

越迁于吴。

378 B.C. 周安王二十四年

魏、赵、韩伐齐至灵丘。

377 B.C. 周安王二十五年

蜀伐楚，取兹方，楚为扞关以距蜀。

376 B.C. 周安王二十六年

三晋共灭晋而分其地。

韩灭郑。徙都于郑（今河南新郑县）。

越太子诸咎杀其君翳，越人又杀诸咎，立孚错支为君。

齐田午杀其君剡自立，是为桓公。

375 B.C. 周烈王元年

秦立户籍相伍，为我国户籍制之始。

374 B.C. 周烈王二年

韩山坚杀韩哀侯，哀侯子若山立，是为懿侯。

周太史儋见秦献公。司马迁以为即老子。

道家关尹与老子同时人。为函谷关尹。

372 B.C. 周烈王四年

赵以大戊午为相，攻魏，取乡邑七十三。

《颛顼历》以 $365\frac{1}{4}$ 日为一回归年，至迟到秦昭王时，秦国已经使用。

378 B.C.

雅典利用新国际局势，组织新“雅典海上同盟”，参加同盟者有 70 个岛屿与城邦。此第二次海上同盟维持 23 年之久。

376 B.C.

雅典大败斯巴达舰队于那克索斯，雅典声威大振，17 个小国参加雅典同盟。

374 B.C.

斯巴达与雅典讲和。斯巴达围攻科赛拉，雅典援科赛拉，和议又破裂。

371 B.C.

雅典与斯巴达议和，各自解除联盟，承认诸邦独立与自由。

色诺芬著《希腊远征波斯记》。

蜀伐楚

周安王二十五年（前377）蜀伐楚，取兹方，楚筑扞关以拒之。

蜀国位于今四川西部和陕西西南部，国势在战国初期蒸蒸日上。周定王十八年（前451），秦国为了防蜀，派左庶长在南郑筑城。周安王十五年（前387）蜀攻取南郑。本年，蜀又出兵伐楚，攻取兹才（今湖北松滋）。为了防御蜀国的攻击，楚修建扞关（今湖北宜昌西）而采取固守的政策。秦楚都是战国前期的大国，蜀国敢于北向伐秦，与秦争夺南郑，又敢于东向攻楚，迫使楚采取守势，其国力应当是颇为强盛的。

战国"牢阳司寇"铜印。印章始于殷商。至战国秦汉时期大量出现。印章有阴文和阳文之分。一个印章便是一块小雕版，一个字的印章就是一个活字。我国印刷术的发明就是在印章的基础上发展起来。

蜀国的构成基本上是西南少数民族，大量接受中原文化，在春秋战国时代与中原的交流和攻战渐多，最终被纳入中原。

战国有鞘双剑。兵器。剑为柳叶形，无格，无首，脊背平凸。基部正中有两圆穿。两剑剑身中部有蝉头对顶铜钱纹饰。鞘由两块铜片焊合而成。鞘身饰蟠螭卷云纹。双剑在四川重庆、昭化等地大量出土。据载，古代巴人善长掷剑，此剑可能为古代巴人用作投掷的武器。

战国瓦当

瓦当是瓦的一种，以粘土（包括页岩、煤矸石等粉料）为主要原料，经泥土处理、成型、干燥和焙烧而成。瓦当很早出现，西周时期（前1066~前771）就已制出。一般的瓦当表面刻有各种精美的图案，既具有实用价值，又极具艺术价值。

现今已见瓦当，以战国时代的最为典型和重要。母子鹿纹瓦当直径14.5厘米，是封闭筒瓦顶端的圆形或半圆形部分。

战国母子鹿纹瓦当。瓦当是封闭筒瓦顶端的圆形或半圆形部分，既发挥了装饰效果，又能起到保护椽木的作用。

该瓦当与秦都雍（陕西凤翔）出土的瓦当完全相同，装饰着以子母鹿为主的花纹，既能起到保护椽木的作用，又发挥了装饰效果。放牧纹半瓦当半径9厘米，为半圆形，正中有一树形花纹，左右各系一马，树两旁空隙处有飞雁。瓦当上装饰着写实纹饰，是山东战国齐故都临淄遗留的建筑材料。

群
雄
逐
鹿
天
下

战国放牧纹半瓦当。瓦当为半圆形。瓦当上装饰着写实纹饰，为山东省战国齐故都临淄遗留的建筑材料。

蜀图语印章

齐威王治齐

齐威王（? ～前343），名因齐，齐桓公之子，继桓公立，治理齐国三十六年，保持其在"战国七雄"中的领先地位。

齐国地处今山东北部和河北东南一带，都城在临淄。太公和是第一代齐侯，太公和之孙齐桓公在临淄的稷下置学官，"设大夫之号"，招聚天下贤士。前379年，桓公卒，齐威王即位。

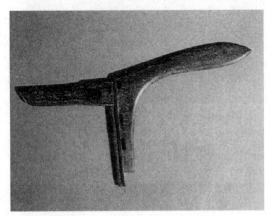

战国中期陈侯因咨戈。陈侯因咨即齐威王因齐，传世器物甚少。

齐威王初即位，无所事事，不理朝政，让卿大夫恣意妄为，把国家搞得一塌糊涂，田野荒芜，人民贫困，引起国人的强烈不满，到处发生骚乱，而且九年之内，齐国周边的各路诸侯相继举兵伐齐，齐国国势日渐衰弱。周烈王六年（前370），威王猛醒，经明察暗访，洞悉官府吏治弊端，采取强硬措施，严惩贪官污吏，招纳天下贤才，如良吏即墨大

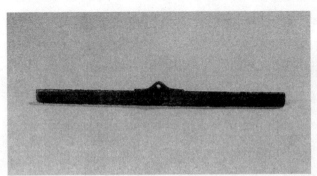

战国王字衡杆。衡器。正中有鼻钮，钮下拱肩。略显弯曲，正面贯通上下十等分刻线，背面钮下横刻一"王"字。为中国已发现的最早衡杆。

105

群雄逐鹿天下

战国中期镶嵌金银镂空网套饰壶。容酒器。颈及圈足饰错金斜方格云纹，肩饰错银斜方格云纹，横箍饰错金流云纹，兽面镶嵌绿松石，衔环饰细如发丝的错金流云纹，立兽通体错金银饰。口沿内有铭文11字，记器的重量和容量。圈足有铭文39字，记壶为齐国陈璋伐燕国时所获。由此可知战国时期燕国青铜艺术的卓越成就。

夫万家，杀贪官阿大夫及其周围溜须拍马的庸流之辈，任用邹忌、段干朋、田臣思、檀子、田盼、黔夫、种首、田忌等治国将才为朝中大臣。前353年，齐国发兵围魏救赵，大败魏军于桂陵，使赵国摆脱困境，齐国国势蒸蒸日上。前341年，齐国又在马陵击溃魏军，魏惠王求和，赵国归还齐国长城。此后各诸侯慑于齐国的威力，二十多年不敢轻举妄动。

齐威王派檀子率军镇守南城，楚人不敢为寇，派田盼守高唐，赵人不敢东渔于河；派黔夫驻徐州；燕、赵惧其勇武，徙而从之者七千多家，命种首惩治盗贼，则道不拾遗，夜不闭户，国内社会秩序稳定，人民安居乐业。

齐威王励精图治，把齐国治理得井井有条，人人尽心尽力，地方官吏兢兢业业，不敢再弄虚作假，使齐国的势力达到顶峰，到威王末年，"齐最强于诸侯"。为其争雄斗争中建立了一个巩固的阵地。

陈璋方壶

又名嵌石变样兽纹钫、陈璋壶、陈骍壶。铭3行29字。高37.2厘米，宽21厘米。

齐桓公五年，秦魏合攻韩，韩求救于齐，而齐国反趁机袭燕，取

战国砝码范模

桑丘。陈璋方壶记载此器为陈璋伐燕所得，可能就是此战。陈璋当是齐桓公时齐国大将。

颛顼历成形

颛顼历，每年计$365\frac{1}{4}$日，采用十九年七闰法，此系当时世界上最精确历法之一。它与西方的儒略历（创于前46年）相同，而早于儒略历近三百年。颛顼历以十月为岁首，闰月置于九月之后，故有"后九月"之称。颛顼历与黄帝历、夏历、殷历、周历、鲁历合称古六历。古六历皆取一回归年为$365\frac{1}{4}$日，故云"四分历"，颛顼历等古六历虽托名古人，但应当是这一时代成熟的。

战国中期透雕楼观方柱形饰。器具顶饰。楼身作方柱式，中空，分三层。楼身八人和观上三人皆衣着简陋，无疑是侍奉主人宴饮、狩猎、纺织的家奴。方饰造型有浓郁的生活气息，是中国最早的楼观建筑模型。河北易县燕下都遗址东贯城村出土。

群雄逐鹿天下

战国蚕桑业发展

战国时，蚕桑业大有发展。桑树栽植不仅早就进入大量人工栽培时期，而且已从自然生态的乔木生长形态过渡到人为经济利用的各种栽培形式。从战国铜器的采桑图案看，既有美观而高产养成的乔木桑，又有经过剪定的高干桑和低干桑。养蚕技术也有显著进步。战国时的思想家荀况所著《蚕赋》描述了蚕的形态和生活史，对蚕的生活习性有较深入的观察研究。譬如《蚕赋》把蚕儿生长发育所需的环境条件，概括为"夏生而恶暑，喜湿而恶雨"。

战国漆绘木俑。俑先以木块雕出人体大形，然后着色，描绘出五官、服饰细部。体腔中空。此俑面相浑圆，溜肩，双手合拢于胸前。俑体涂黑漆，面部与手涂红，眉、目以黑线勾出。衣着交领右衽，宽袖，袖口略束，饰菱纹边缘。胸、腹部绘成珠、璜、彩结、彩环等成组饰物。珠、璜白色，彩结红色，绳纽澄黄色。后背腰间束红、黄相间之三角纹锦带。衣襟间露出鲜艳内衣。

战国铜镜采桑图纹饰

战国木俑

战国时代的俑塑中，木俑是很重要的一类。木俑的代表作有漆绘木俑、彩绘木雕女俑和持剑木俑等。漆绘木俑先以木块雕出人体大形，然后着色、彩绘。此俑面相浑圆，溜肩，双手拢于胸前。俑体涂黑漆，面部与手涂红，眉、目以黑线勾出。衣着交领右衽，宽袖，袖口略束，饰菱纹边。胸、腹部绘成珠、璜、彩结、彩环等成组饰物。珠、璜白色，彩结红色，绳纽澄黄色。后背腰间束红、黄相间之三角纹锦带。衣襟间露出鲜艳内衣。彩绘木雕女俑以长木条削成。形体简括，仅具人体大形和简单的结构关系。面貌、服饰皆为彩绘。鬓发整齐，削肩袖手，长袍右衽，秀眉朱唇。宽领缘，绕襟旋转而下，衣上绘黑红色云纹与小簇花。持剑木俑系一整木雕成，

战国持剑木俑。表现一名着战袍、持剑的武士。躯体系一整木雕成。双臂另雕成后装配。左手握剑柄，右手握剑鞘，身体微向前倾，双膝略现弯曲，表现出战士的临阵状态。雕刻手法简略、粗犷，而颇能传神。

表现一名着战袍、持长剑的武士。双臂另配，右掌已残。头部浅雕五官，眉弓长而刚健，眼角上挑，左手握剑柄，右手握剑鞘，身体向前微倾，双膝略屈。此俑雕刻手法简洁、粗犷，生动地表现了临阵武士的形象。

群雄逐鹿天下

战国彩绘木雕女俑。俑体以长木条削成，形体简括，仅具轮廓大形和简单的结构关系。面貌、服饰皆为彩绘。鬓发整齐，削肩袖手，长袍右衽，秀眉朱唇。宽领缘，绕襟旋转而下，衣上绘黑红色云纹与小簇花。

战国玉人。以玉片雕刻而成。形象为妇女与儿童。妇女头上梳牛角形双髻，儿童梳单髻。身着右衽大方格窄袖长袍，腰束带，袖手而立。这种装束可能反映的是中山国鲜虞族人服饰特点。

战国

369 B.C. 周烈王七年

赵筑长城。中山筑长城。

368 B.C. 周显王元年

赵侵齐至长城，旋将侵地归还于齐。

367 B.C. 周显王二年

赵与韩攻周，分周为二。

366 B.C. 周显王三年

魏、韩会于宅阳，帅师城武都，为秦师所败。

魏公子景贾，帅师伐韩，与韩战于阳，魏师败绩。

364 B.C. 周显王五年

秦献公攻魏，赵救之，秦败魏、赵之师于石门，斩首六万。周贺秦胜。

362 B.C. 周显王七年

秦败韩于西山。秦与魏战于少梁，虏魏将公孙座。

四月甲寅，魏徙都大梁。

361 B.C. 周显王八年

秦孝公发愤强秦，下令国中求贤才。魏公叔座庶子（官名）卫鞅（公孙鞅）年少有才识，公叔座荐于魏惠王，不肯用，鞅至秦，因景监见孝公。

战国中期有占星家甘德（齐或楚人）、甘德著《天文星占》。他们测定的恒星记录，是世界上最古的恒星表。

筑堤专家白圭主持修筑堤防。

370 B.C.

伯罗奔尼撒同盟崩溃。

369 B.C.

雅典与斯巴达缔结同盟。

368 B.C.

希腊诸城邦会于德尔斐，议和未成。次年，希腊各邦代表赴波斯，请波斯皇帝裁夺希腊议和事。

高卢人侵入意大利中部，罗马人与高卢人战，罗马人终败高卢人。

366 B.C.

罗马保民官来星尼阿斯与塞克斯提、阿斯领导通讨立法，改善平民景况。

361 B.C.

斯巴达王阿吉西劳死于攻击埃及之战役中，年八十四。阿吉西劳为斯巴达最后的著名人物。

秦孝公发奋强秦

秦国经秦献公改革，到秦孝公继位时（前361），面貌已大为改观，但仍与秦穆公时代的盛况相比。这时，齐、楚、魏、燕、韩、赵六国并强，秦国处于僻远的雍州之地，一般不参与中原诸侯会盟，中原诸国视秦如同夷狄。对此，秦孝公深以为耻，决心发奋图强，"修德行武，东平晋乱，以河为界，西霸戎翟，广地千里，天子致伯，诸侯逾华贺。"孝公又明令求贤才，能出奇计强秦者，将予之高官，分以土地。同时，施惠百姓，赈济孤寡，招募战士，明功奖赏。秦孝公求贤若渴的诚意逐渐影响四方，四方人士开始入秦为变法奠定了基础。

战国中期乌盖瓠壶。容酒器。器呈瓠形，侧颈，鼓腹，圈足。盖作立体鹁鸟形，鸟喙有环扣，鸟盖尾部有环，上系蛇形自绕链条。腹部有八棱形把手。盖及腹皆饰珠点纹。陕西绥德出土。

魏、韩、赵调整国境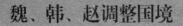

　　魏的国都原在安邑（今山西夏县西北禹王村），位于河东，四面被秦、赵、韩三国所围，只有上党区有一线地魏地交往。赵、韩可以联合攻魏，切断上党的交通线，同时，秦又虎视眈眈，魏国都的形势岌岌可危。周显王八年（前361）四月，魏迁都大梁（今河南开封），因此魏又称为梁，与此同时，魏与赵、韩两国通过一系列相互交换的办法调整疆域，使自己在中原的疆土连成了一片，对国家发展形成了有利的地理形势。

秦败魏于石门

　　周显王五年（前364），秦魏战于石门，魏师大败。秦从献公时开始，结束了内乱，实行了一些改革措施，使秦国逐渐强大起来。秦献公二十四年（前366），秦在洛阳打败韩、魏联军。秦献公二十六年、魏惠王六年（前364），秦军猛攻魏之石门（今

秦都雍城城墙遗迹

山西运城西南），斩首六万，获得大胜。后因赵国出兵救魏，秦军方撤退。这是战国时期秦国的第一次重大胜利，周显王向秦献公表示祝贺，送去黼黻，并命秦献公称"伯"。秦、魏石门之役是秦献公执政时期的一项显著成绩，秦国开始复兴。

商鞅入秦

　　商鞅本名卫鞅，是卫国的庶公子，少好刑名之学，后在魏相公叔座门下为中庶子（家臣），公叔座赏识商鞅的才能，亲自向魏惠王推荐商鞅，说鞅年虽少，有奇才，愿王举国而听之。魏惠王不以为然，商鞅终不见用。孝公元年，商鞅听说秦孝公下令求贤，于是怀揣李悝的《法经》西入秦国。商鞅先通过秦国大臣景监见秦孝公。第一次见孝公，商鞅向孝公说"帝道"，孝公提不起兴趣，边听边打瞌睡。五天之后，商鞅再次面见孝公，对孝公说"王道"，孝公还是不感兴趣。商鞅第三次见孝公，说以"霸道"，孝公听后有所感悟，商鞅由此而知孝公兴趣所在，于是继续畅言"霸道"，孝公不知不觉间离席趋前靠近商鞅，商鞅畅谈"霸道"数日，孝公竟毫无倦意，认为商鞅的强国之术完全可行，于是启用商鞅，积极酝酿在秦国变法革新。

魏公子䓨与公中缓争立

　　周烈王六年（前370）魏武侯死，公子䓨与公中缓（魏武侯子，公子䓨弟）争立，最后公子䓨即位，称魏惠王。

　　魏国在文侯、武侯时期国势强盛，然而武侯去世却给魏国政局带来了麻烦，原因在于魏武侯去世时没有立下太子，魏公子䓨与公中缓争立为君，国内大乱。赵、韩两国乘机干涉魏国内政。赵国企图杀死公子䓨、割取魏地，而韩国企图使"魏分为二"，削弱魏国势力。由于赵、韩两国意见不合，韩国退兵。公子䓨乘机打败赵国和公中缓的军队，次年，继位为国君，是为魏惠王。在位三十六年卒。

两周分裂

　　周考王元年（前440），周考王即位，以成周为都城（今河南洛阳东郊白马寺之东），封其弟揭于河南（即王城，今洛阳王城公园一带），以续周公之官职，是为西周桓公。桓公去世后，子威公代立。周显王二年（前367），威公死，其少子公子根与太子公子朝争立，韩、赵乘机帮助公子根在巩（今河南巩县西南）独立为东周，从此，周分裂为东周和西周两个小国，领土与国力都很微弱。

战国中期三角云纹豆。盛食器。通体以三角几何纹和蟠螭纹为主体，盖缘与口沿饰斜角雷纹和勾连雷纹。盖与腹部纹饰构成整体图案。

魏开运河

　　魏惠王十年（前361），魏国开凿鸿沟（运河），沟通黄河与圃田（古大湖泊名，今河南中牟西），是鸿沟最早的一段，魏国导引黄河水入圃田，又筑沟渠引圃田水灌溉农田。鸿沟在战国时陆续被开凿成功，形成济、汝、淮、黄的交通水利网，是中原地区最早的大规模水利工程。鸿沟修成后，经秦、汉、魏、晋、南北朝，一直是黄淮间主要水运交通线路之一。它在今河南省荥阳北引黄河水，东经中牟北，开封北折而向南，经尉氏东、太康西、淮阳，再分两支：南入颍水，东入沙水，两者皆入淮河。中途在开封东分水入汳水（古汴水）。又南，向东分水入睢水、涉（涣）水，皆可通淮。再南，向东分水入涡水，直通淮河，形成黄淮间的水运交通网。

115

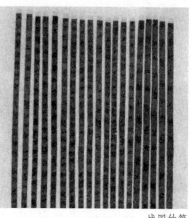

稷下道家学派形成

　　稷下道家学派，是指聚集在齐国稷下学宫讲学或游历稷下的一批道家学者。稷下之学始于齐桓公时期，兴盛于齐威王、宣王、襄王时代，具体时间约为前374年至前265年，比老子稍晚。稷下道家学派具体人物有彭蒙、田骈、慎到、环渊、接子、季真六人。彭蒙生活的时代稍晚于老子，约在战国中期齐威王、宣王年间。彭蒙的道学既受老子"道"论的影响，又有师传，具有自己的特点，即崇尚法制，认为"道"要受法的制约。这是稷下道家学派和老庄学派的不同之处。田骈曾"学于彭蒙"，因此，他的思想当与彭蒙接近。慎到与彭蒙一样，是兼有道家、法家思想的早期道学家。据《庄子·天下》记载，慎到思想的中心是"绝圣弃智"、"因循自然"。但慎到所说的"道"与老子所言之"道"相比，又过于机械，充满形而上学气味，缺少辩证认识。环渊是楚人，据《史记·田齐世家》等记载，他和田骈、慎到大体同时，著有《上下篇》。季真生活在战国中后期，是早期道学者中有影响的人物，但没有著作传世。他关于"道"的观点与老子基本上一致。

　　稷下道家学派对后世影响不大，但在战国时代则曾十分兴盛，是战国活跃的思想学术界的一个主要流派。

《廿石星经》书成

　　甘德，齐人（一说楚人）。相传他测定恒星118座，计五百多颗星，著有《天文星占》八卷，今佚。石申，魏人。相传他测定恒星138座，计810颗星，著有《天文》八卷，今佚。但在唐《开元占经》中有大量节录。二人精密纪录黄道附近 120 颗恒星位置及其与北极距离，这是世界上最古老的恒星表，它比欧洲第一个恒星表——希腊伊巴谷的星表早约二百年。甘德发现的木星三号卫星，比意大利伽利略和德国表依耳的同一发现早近两千年。书中二十八宿用"距离"（即赤经差）和"去极度"（赤纬的余弧）刻划，其余星用"入宿度"和"去

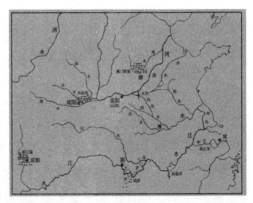

战国水利工程图

极度"刻划，这与现代用赤经和赤纬来刻划天体位置使用的是同一个原理，这也就是赤道座标系，而同时代希腊使用的一直是落后的巴比伦黄道座标系。

这一类星表把周天分为 365 又 1/4 度，与巴比伦传统的 360 度不同，是中国的特色，正与四分历相合。

甘、石星经对行星行度也有精密的测量计算，其后星术体系更是全面，影响了中国天文学、占星术和政治几千年。

战国普遍使用铁制农具

战国时期，冶铁业发展迅速，各种农具已普遍用铁制造。铁镰、铁锥、铁锄为当时农民的必备工具，铁农具已成为农民不可离开的重要生产工具。考古发掘中出土的大量实物更是当时铁制工具广泛使用的确凿证据。在河南辉县的五座魏墓中，出土了犁铧、铁镰、铁斧等农具 58 件。在河北兴隆燕国遗址中，

战国时期的铁犁头

一次发现了制造农具的铁范共 87 件。在石家庄赵国遗址出土的铁制农具，占各类工具总数的 65%。在辽宁抚顺莲花堡燕国遗址中出土的铁农具，占全部

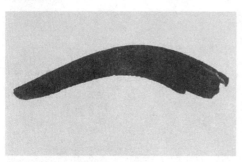

战国时期的铁镰刀

出土农具的 90% 以上。原战国七雄所在地区，都有铁制农具出土。

以上铁农具已能使用于农业生产的各个环节：垦地、翻土、开沟、整地、除草和收获。同一器类的铁农具还有不同的形式。

战国时期的农具绝大多数都是木心铁刃的，即在木器上套了一个铁制的锋刃，这就比过去的木、石农具大大提高了生产效率。从考古出土的实物看，当时使用呈 V 字形的铁犁头，有利于减少耕地时的阻力；铁锸可增加翻土深度；铁耨则可有效地用于除草、松土、复土和培土，此外，这一时期推广的连枷，是一种有效的脱粒农具，为后世所长期沿用。

战国中期以后，铁农具的成型和加工工艺技术都达到相当高的水平，普遍采用白口铁铸件经控制脱碳热处理的方法来制造农具。解决了某些农具既要求有坚硬锋利耐磨的刃口，而又要具有韧性的矛盾。铁农具的制造此时也趋于规范化，如犁铧，不论是在山西、陕西，还是河北、河南，或在山东出土的，均作"V"形刃，呈等腰三角形，加套在木制犁床上使用。虽然结构简单，但已具备了后世犁铧的基本形态。

深衣出现并流行

春秋战国时期的衣着，上层人物的宽博、下层社会的窄小，已趋迥然。深衣是值得注意的形式之一。

深衣有将身体深藏之意。是士大夫阶层居家的便服，又是庶人百姓的礼服，男女通用，可能形成于春秋战国之交。从马山楚墓出土实物观察，深衣是把以前各自独立的上衣、下裳合二为一，却又保持一分为二的界线，故上下不通缝、不通幅。最智巧的设计，是在两腋下腰缝与袖缝交界处各嵌入一片矩形面料，据研究可能就是《礼记》提到的"续衽钩边"的"衽"，其作用能使平面剪裁立体化，可以完美地表现人的体形，两袖也获得更大的展转运肘

战国凤鸟花卉纹绣浅黄绢面绵袍。绵袍
为交领、右衽、直裾式；两袖平直，短
袖筒。

战国对凤对龙纹绣浅黄绢面绵袍。绵袍为交领、
右衽、直裾式；两袖平直，宽袖口，短袖筒。袍
面是对凤对龙纹绣浅黄绢，袍里是灰白绢。领和
袖缘皆用条纹锦，襟和下摆缘均用大菱形纹锦。

战国一凤一龙相蟠纹绣紫红绢蝉衣。蝉
衣为交领、右衽、直裾式；长袖，袖下
部呈弧状。

战国秋衣。秋衣两襟对中，双袖平直，腰与下
摆等宽，凹后领。

功能。所以古人称道深衣"可以为文，可以为武，可以宾相，可以治军旅"，认为是一种完善的服装。

据记载，深衣有4种不同名称：深衣、长衣、麻衣、中衣。从出土文物看，春秋战国时衣裳连属的服装较多，用处也广，有些可以看作深衣的变式。

最高贵的丝绸品种——织锦成为商品

战国对龙对凤纹经锦。地色深棕，龙凤纹浅棕色，彩条经朱红色。这件经锦表明我国在战国时期已经运用了经线分区牵彩条的方法，并已能够织造形象轮廓比较复杂的纹样。

西周时期，随着养蚕、缫丝、染织技术的进步，一种绚丽华美的提花织物——锦诞生了。中国商代出现了素色的提花纹绮，战国时出现了双色纹绮，绮的花纹都是利用经纬组织的变化而显现出来的。锦则是用两种以上的彩色丝线提花的多重织物，既利用经纬组织的变化，又利用经纬色彩的变化来呈现花纹，这在织物品种设计史上是一个重大的突破。辽宁、山东、陕西等地周代的墓葬中都发现过锦。1976年在山东临淄郎家庄一号东周墓发现精细的经锦残片，经密每厘米112根，纬密每厘米32根，是经二重组织的经锦。纬丝正反面都和经丝成三上一下交织；一组为夹纬，作为花纹轮廓处调换表里层经丝，使花纹轮廓分明，并分隔纹经与夹经，又使它们联结一体，适合实用。这种正反对应、厚度适中的组织设计，对现代大提花复杂组织的设计，仍有一定的参考价值。

珍贵华丽的织锦一经问世，立即被当时的奴隶主阶级视为珍宝，他们用锦作为诸侯国君之间礼聘交往的礼物。锦在当时既用来制作衣裳，也用来制作被面，而在穿锦衣锦裳的时候，还用麻衣麻裳来保护。说明锦是很高贵的商品。

战国凤鸟鬼几何纹锦。经线提花锦。经线
为灰黄、朱红、深棕、红棕四色，纬线为
深棕色。

战国龙凤纹锦

战国十字菱形纹锦。经线提花锦，
经线为土黄、深棕两色，纬线为棕、
朱红两色。

战国大菱形纹锦。经线提花锦，
经线为深棕、深红、土黄三色，
纬线为深棕色。

121

群雄逐鹿天下

战国褐地红黄色几何纹经锦。由褐、红、黄三色经线显花，花纹根据菱形重合连接，或整或破，大小相错组合而成，变化莫测。为三色双重经锦组织的经锦。经密每厘米69对，纬密20对。经丝粗直径0.26毫米，纬丝粗直径0.2毫米。

战国时期的织锦更加发达，出现了各种类型。

几何骨格填充各种人物、动物、几何形体的组合型纹样。龙凤是突变的象征，麒麟是圣人的象征，燕子古称玄鸟，为商代祖先之神，走兽中虎是威德的象征，这些纹样反映了战国时代贵族阶层的思想意识。装饰纹样的美学观念包含着时代的精神崇尚和理想追求。

散点式排列的小型几何纹。这种散点式小几何花纹，疏朗活泼，服用适应性很强，故流行时间也较长。

几何组合纹。在几何骨格内再以其他几何纹样填补充实，使之增加层次起伏。战国时的几何纹常用菱形组合成漆耳杯状的形式，称为"杯纹"，寓意生活丰裕。

同时因几何形可以无限地向四方扩展延续，故又称长命纹，寓意"长寿"。这种把抽象的几何纹样赋予吉祥含意的传统，一直为后世所继承，成为中国民族装饰艺术的一个特点。

织锦在战国时代广泛出现于日用品中，丰富了中国人的衣着和居住方式。

江陵楚国漆器

漆工艺兴盛于春秋战国时代，而这时期的漆器，无论就数量还是就工艺水平和艺术价值而论，都以楚国漆器为最，这主要是由于楚国采用了有利于保存漆器的以白膏泥密封木结构墓室的墓葬方法。

湖北江陵是春秋战国时期楚国首都所在地，每多王公大族之墓。江陵楚墓主要由望山楚墓群、雨台山楚墓群、拍马山楚墓群、李家台楚墓、天星观楚墓、

战国彩绘龙凤纹漆内棺。此棺为木胎，呈长方形盒状，内髹红漆，其外则以黑漆为地，用红、黄、金三色漆彩绘龙凤纹。盖面及两边墙板外的主体部分绘六单元龙凤图案，每单元绘四龙四凤。龙为一首双身，凤则展翅卷尾压於龙上。整体图案为四方连续结构。全棺构图严谨，线条流畅，彩绘既富丽堂皇，又壮严肃穆。

包山楚墓以及太晖观、溪峨山和藤店等地楚墓组成，时代从春秋早期到战国晚期不等。这些楚墓出土了种类繁多、数量巨大的漆器，计有镇墓兽、棺、瑟、案、圆盒、酒具箧、酒注、耳杯、盘、俎、豆、勺、工具箱、伞、盖、弓、剑、盾、梳、奁、竹席等几十个品种上千件，足以代表楚国漆器的风貌。

作为富有浪漫特色的楚风的表现形式之一，楚国漆器大多色彩明丽，装饰华美，图案生动。这些器物外表几乎全部髹黑漆或黑褐色漆，内壁则往往髹朱漆，也有小部分内外皆髹黑漆者。图案装饰注重色彩的对比，多采用红黑相间的方式，以追求对比鲜明产生的美感。总的来说，楚国漆器外观色调古雅、光泽鲜亮，

纹饰质朴简洁、飘逸奔放，质地轻且精巧、薄而坚牢，体现出了制作者非凡的巧思和熟练的技艺。楚国漆器的数量多，应用广，制作形式也比较复杂。如果从胎体的质地划分，就有木、竹、夹苎、金属、皮革、陶等多种，主要以木胎为基本胎体。其中夹苎

战国彩绘漆盒。此盒为厚木胎。盖、身以子母口扣合。盖较矮，口略大于底，盖顶正中有一套环鼻形铜钮，矮圈足。器表描绘花纹的部位髹黑漆，无纹饰的部位髹朱漆。器内髹朱漆。

胎漆器和髹漆铜器的出现，是工艺史上有重要意义的创新。我国著名漆器扣器也最早见于楚墓。楚国漆器的髹饰工艺中的"描金"、"针刻"等技法，在技术史上也有开风气之先的意义。

楚国漆器制作的成就，意味着中国漆器生产史上第一个高峰的出现。楚国漆器工艺的发展，为两汉时期的"漆器文化"奠定了坚实的基础。

战国彩绘木雕鸭形漆豆。此豆为木胎、深盘、短柄、喇叭座。盖与盘合成一只卷伏的鸭子。器表髹黑漆，用朱红、金黄等色漆彩绘。器内髹朱漆。

战国彩绘透雕漆箭箙。此箭箙已残，木雕尚好。箭箙外框内透雕以雀为中心的双凤和双兽，外框上缘浮雕双蛇纹饰。

战国彩绘漆耳杯。此杯的平面呈椭圆形，弧形壁，平底，口沿外有对称的凹字形耳。杯为厚木胎，以挖制为主的方法制成。杯内髹朱漆，杯外髹黑漆。在黑漆地上用朱漆描绘花纹，两耳上与口沿外绘勾连雷纹。

124

360 ~ 355B.C.

战国

359 B.C. 周显王十年

魏使龙贾率师筑长城于魏西陲。

楚师决河水以灌长城之外。

358 B.C. 周显王十一年

魏与韩盟于巫沙以释宅阳之围。

齐威王以邹忌为相。

魏惠王十二年，龙贾筑魏中原长城。

357 B.C. 周显王十二年

齐封邹忌为成侯。

（田）齐桓公卒，在位十八年。桓公时曾在都城临淄的稷下设置学宫，"设大夫之号"招徕学者，渐为一大学术中心，形成"稷下学派"。

356 B.C. 周显王十三年

鲁共公、宋桓公、卫成侯、韩昭侯朝魏，魏王觞诸侯于范台，鲁侯避席择言。

齐威王、赵成侯、宋公会于平陆。

韩筑长城自亥谷以南。

秦孝公六年（一说三年），任商鞅为左庶长，开始变法。奖励耕织，有军功受爵，怠惰者没为奴，令民为什伍，行连坐法；或说尚有燔烧诗书之令。秦国渐强。

355 B.C. 周显王十四年

越王无疆元年。无疆时，越复兴，攻齐、楚，与诸国争强。

秦孝公与魏惠王会于杜平，侵宋，取黄池，宋复取之。

齐威王与魏惠王会猎于郊。

齐与燕师战于洵水，齐师遁。

359 B.C.

希腊腓力为马其顿摄政。腓力观察希腊军事技术与政治制度，并习希腊文学、哲学。返国时，其长兄亚历山大二世为人所杀，其二兄继位，不久战殁于伊利里里安。其二兄之子年极幼，腓力任摄政。

腓力二世创立以步兵与骑兵组成的马其顿方阵，又改革币制，施行双金制，金银并用，以降低金币价格，锐意图治，马其顿的军队不久成为一支强大的力量。

358 B.C.

雅典对于盟邦之苛征繁敛引起所谓同盟之战（前358～前355）。结果雅典第二次海上同盟瓦解，更不能与马其顿对抗。

375 B.C

马其顿夺取阿穆菲波力斯及皮德那两城，自是马其顿遂有海口。

群雄逐鹿天下

商鞅变法

商鞅方升。量器。斗为长方形，直壁，后有长方形柄。方升外侧有铭文三十二字，记秦孝公十八年（前344），齐国率领卿大夫来秦访问，是年冬，大良造鞅乃积算以十六寸五分之一寸为一升。

商鞅深得孝公赏识。于周显王十年（前359），说秦孝公变法。孝公赞成，但恐天下非议。商鞅认为疑则无功，有高行者必见非于世，成大功者不谋于众。甘龙、杜挚以为法古无过，循礼无邪，变法不便。商鞅反驳道：治理社会的方法很多，只要于国家有利，不一定效法古人。所以汤、武不泥古而称王，夏、殷固步自封而灭亡，违背古者无可厚非，而拘泥古者不能太多。孝公深服，遂于周显王十三年任命商鞅为左庶长，开始进行变法。

商鞅针对过去贵族“有罪可以得免，无功可以得尊显”的旧制，规定国君的亲属（宗室）无军功者不得列入宗室属籍，从而废除了世卿世禄制度。凡人民立军功者，均按功劳大小赏赐封爵。凡在战争中杀敌甲士一人、并取得其首级者，赐爵一级、田一顷、宅九亩；得一甲首者，若为官者可当

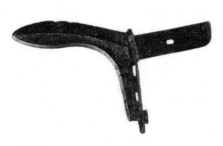

商鞅戟

五十石俸禄之官，得二甲首者可为百石之官；斩敌一甲首者，可以使一人（或一家）为自己的农奴，除庶子一人。得敌五甲首者，可以使用奴隶五家。商鞅对秦的爵制也进行了改革，重新规定秦爵为二十级，凡在战争中斩得敌首

一个，即可赏爵一级，要做官的可以赐给五十石俸禄的官。斩得敌首两个以上者可以类推。于是，提升官爵就和立军功紧密结合，无军功者，虽富也不能尊荣。商鞅还在秦国进一步实行户籍制和连坐法。早在秦献公时，秦国就用军事组织形式将人民编制起来，并登记在户籍上。但这个制度贯彻得不彻底，又因旧贵族反对而遭到破坏。商鞅公布的"令民为什伍"的法令比秦献公时更为严密，规定：凡境内居民，无论男女老少都要进行户籍登记，以五家为"伍"，十家为"什"，"伍"、"什"之间要互相监督，如果其中一家犯法，邻家不去官府告发，则十家同罪连坐；不检举告发奸人的，处以腰斩；告发者可与斩得敌首者同样奖赏；如果隐匿坏人而不去告发，

商鞅方升铭文。升的底部刻有秦始皇二十六年统一全国度量的诏书四十字。从方升铭文记载可知此为商鞅统一秦国度量所规定的一升容积的标准量具，说明秦始皇是以商鞅之制作为统一全国度量制度的标准。

那么就要受到同"奸人"一样的处罚；留宿客舍者均须有官府的凭证，如果旅店收留没有官府凭证的人住宿，店主当与客人同罪连坐。商鞅还主张对轻罪用重刑，认为这样可以迫使人民连轻罪也不敢犯，这叫"以刑去刑"。他还采用了很多残酷的刑罚，如死刑除腰斩、枭首、车裂等外，又增加了凿颠、抽肋、镬烹等刑罚。秦国地广人稀，荒地较多。为促进农业生产的发展，商鞅还规定了奖励耕织、垦荒的法令，规定：凡努力从事农业生产，能使粮食和布帛增加产量者，可以免除本人的劳役和赋税；凡不安心务农而从事工商业或游手好闲而贫穷者，要全家没入官府罚做官奴。此外，商鞅还招引韩、赵、魏的无地农民到秦国来垦荒，分给他们土地和住宅，免除其兵役和三世的劳役。使之安心务农，为秦国生产粮食。商鞅还鼓励个体小农经济的发展，规定凡一家有两个儿子以上者，儿子到了成年人年龄时必须分家，各自独立门户，否则要出双倍的赋税。为了顺利推行变法，打击儒家等复古思想，他断

然采取"燔《诗》、《书》而明法令"的措施，把《诗》、《书》等文献焚毁。同时下令禁止私门请托，禁止游说求官的行动。

此法初行，秦民苦不堪言。三年后，百姓感觉生活方便。行十年，秦民大悦，道不拾遗，山无盗贼，家给人足，人民勇于公战，怯于私斗，乡邑大治，孝公十二年（前350），在咸阳（在今陕西咸阳市东北）筑冀阙，徙都咸阳。商鞅革除游牧民族遗风，严禁民父子兄弟同室而居，归并小乡邑为四十一县，置令、丞，废井田，开阡陌疆界，定赋税法。统一斗、桶、权、衡、丈、尺规格。五年后，变法见效秦富强，天子致胙，诸侯来贺商鞅变法，为秦国最终统一六国奠定了基础。

邹忌为齐相

战国蟠龙飞凤纹绣浅黄绢面衾

战国飞凤花卉纹绣。绣地为浅黄色绢。先绘墨稿，再绣花纹。针法为锁绣。

齐威王即位之初任用邹忌改革，整顿齐国。邹忌以擅长鼓琴而得见齐威王，邹忌见了齐威王后，调好弦，做出要弹琴的样子，但两手却搁在弦上不弹。齐威王颇觉奇怪，问他为何不弹，邹忌称自己不但会弹琴，还知道弹琴的理论。

于是从伏牺氏作琴说起，一直讲到文王、武王各加一弦，用鼓琴的节奏来说明"治国家而弸（安定）人民"的道理。他认为君主好比琴上的大弦，弹起来"浊以春温"；丞相好比琴上的小弦，弹起来"廉折以清"；政令好比指法，弹起来"攫之深而舍之愉"。弹琴要"大小相益"，"复而不乱"，这样琴音就协调好听。治国和弹琴有同样的道理。齐威王听后有所领悟，便留下邹忌，与他谈论国家大事。邹忌认为，要治理好国家、安定人民，关键在于君相掌握政令时要像四时的运转一样调理均匀。齐威王很赏识他的见解，于周显王十二年（前357）他们相见三个月后授给他相印，并加紧整顿朝政，进行政治改革。经过变法改革，齐国逐渐强大起来。

齐魏论宝

　　周显王十四年，齐威王二年，魏惠王十五年（前355），魏惠王赴齐会见齐威王。一日二王狩猎于郊。魏惠王问齐国有何国宝？齐威王说没有。魏惠王说魏国虽小，但藏有直径一寸、光亮夺目的宝珠，其中能前后照亮十二辆车子的就有十颗，齐是大国，居然无宝，令人以置信。齐威王说，齐国的"宝"与你们不同。齐国有一位叫檀子的大臣，派他去镇守南部的边城，楚国人不敢随意进犯，泗水流域的十二个诸侯国君都来齐国朝见。还有一位叫盼子的大臣，派他去镇守西部的高唐（今山东禹城），赵国人不敢东到黄河边上捕鱼。齐臣中还有一位叫黔夫者，派他去镇守徐州（今山东滕县），燕国人在徐州北门焚香，赵国人在徐州西门焚香，祈祷准予他们的移民来到齐国，最后有七千余家迁到齐国。还有一位叫种首的大臣，是维护治安的，派他去防备盗贼，结果齐国人民安居乐业，道不拾遗。这四位大臣都是齐国之宝，他们的光芒远照千里，岂止照亮前后十二辆车子呢？

　　齐威王以国为重，以民为上，体现了其治国改革的思想，使魏惠王十分惭愧。

战国刺绣工艺

战国禽鸟花卉纹绣

战国时期刺绣工艺已发展到成熟阶段。湖北江陵马山砖厂一号战国楚墓出土的丝绸刺绣数量之多，保存之完好，文彩之灿烂缤纷，都是前所未有的。刺绣品如对凤对龙纹绣浅黄绢面衾、飞凤纹绣、龙凤虎纹绣禅衣、凤鸟花卉纹绣、蟠龙飞凤纹绣浅黄绢面衾及龙凤合体相蟠纹绣等等，都是完全用辫绣法全部施绣而成，不及画缋填彩。此墓和长沙烈士公园出土的战国时期刺绣，说明战国时期刺绣纹样、题材基本上是图案化并互相穿插的花草、藤蔓和动物。花草、藤蔓的分布，都严格按照垂直线、水平线或对角线组成的方形骨格或菱形骨格布局；但穿插灵活，有时顺着骨格线反复连续，有时突然中转隔断，有时作左右对称连断，有时作上下对称连续，有时则按上下左右错开二分之一的位置作移位对称连续；花草藤蔓既起装饰作用，又起骨格作用。在枝蔓交错的大小空位中，填饰动物纹样。动物纹样的头部比较写真，而身部或经过简化，或直接与藤蔓结成一体，或彼此互相蟠叠。写实形与变体形共存，数种动物或数个动物合体，动物体与植物体共生，利用几何学的原理，把动物图案变形与几何形骨格结合，这些都是春秋战国时期刺绣纹样的重要特征。由于采取了按几何骨格对位布局、同位对称与移位对称并用等方法，因而纹样既有严格的数序规律，又有灵巧的穿插变化。战国刺绣的色彩，每一花样一般只配三色到五色，在色相上多数采取暖色基调的缓和对比或邻近调和，在色彩明度上则拉开层次，故富丽缤纷又和谐统一。

战国时期刺绣纹样的题材，具有一定的象征含意。当时最为流行的龙凤，既象征宫廷昌隆，又象征婚姻美满。鹤与鹿都与神仙长寿的神话有关，象征长寿。翟鸟是后妃身份的标志。鸱鸺（猫头鹰）则象征胜利之神。

中国刺绣工艺源远流长，在战国时就已经绚丽多姿，十分成熟。

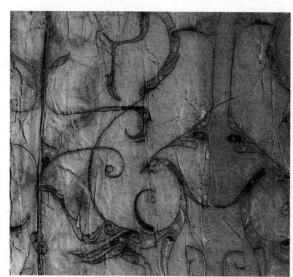

战国对凤对龙纹绣浅黄绢面衾
（部分）

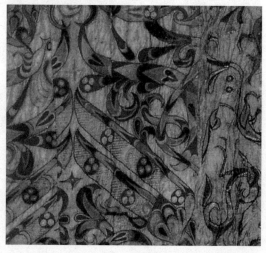

凤鸟花卉纹绣

131

战国

354 B.C. 周显王十五年

齐师、卫师、宋师围魏襄陵。

齐田期攻魏东鄙，战于桂阳，败魏师。

魏攻赵，围邯郸。韩朝魏于中阳。

353 B.C. 周显王十六年

魏以韩师败诸侯于襄陵，齐使楚景舍来求成。

魏拔邯郸，赵求救于齐，齐败魏于桂陵。

韩攻东周，取陵观、廪丘。

352 B.C. 周显王十七年

秦拜卫鞅为大良造，攻魏安邑，降之。

魏筑长城，塞固阳。魏取玄武、濩泽。

351 B.C. 周显王十八年

韩以申不害为相。

秦卫鞅围魏固阳，降之。秦攻赵蔺。

魏归赵邯郸，与赵盟于漳水之上。泗上十二诸侯皆朝魏。

齐筑防以为长城。

湖南长沙出土的战国中期楚国木质天平和铜砝码，是我国最早的天平和砝码。

353 B.C.

希腊福西斯战胜西布斯及其盟邦。诸国召马其顿入援，马其顿遂入希腊；福西斯大败马其顿军。

352 B.C.

马其顿王腓力二世大败福西斯，杀其将奥诺马古；希腊各邦震动，雅典、斯巴达诸邦援福西斯，腓力二世遂撤兵。

351 B.C.

雅典政治家主战派首领提摩斯西尼斯发表演说，号召国人组织联盟，抵抗马其顿。

高卢人离开法国南部，定居意大利北部。

柏拉图的弟子赫拉克利兹讲授日心说。

希腊建筑上出现科林斯式圆柱。

硬币首次在罗马出现（约前350）。

《尚书》编成

中国古代的一部历史文献汇编《尚书》编成于战国时期，《尚书》又称《虞书》、《夏书》、《商书》、《周书》，战国时总称为《书》,汉人改称《尚书》，"尚"的意义是上古，"书"的意义是书写在竹帛上的历史记载,"尚

《尚书》书影

书"意即"上古"的史书。

《尚书》所录,据称为虞、夏、商、周各代典、谟、训、诰、誓、命等文献,其中主要记载商、周两代统治者的一些讲话纪录,少数篇目为春秋战国人根据往古材料编成。

关于《尚书》编订年代,以前有说为孔子所编,近代学者多以为《尚书》编订于战国时期。秦始皇焚书后,《尚书》多残缺,汉初,《尚书》

战国牺尊。器作小兽形,面如牛,竖耳,无角,偶蹄,镶绿松石眼珠。兽身以红铜错镶绿松石,饰作夔纹。颈部有项圈,并饰小金泡。流开于兽口。背上有活页盖。盖纽作伏卧的鹅形,正回首梳理毛羽。牺尊制作精细,神态安详、生动。

133

战国鹿角立鹤。陈设器。鹤昂首，钩形尖嘴，瘦长颈，两翅展开作轻拍状，拱背，垂尾，两腿粗壮有力，立于长方形座上。在古代，鹤被视为神鸟，鹤和鹿又是长寿吉祥的象征。把鹿角插在鹤头上，两者集于一体，可称为瑞鹤。

存29篇，为秦博士伏生所传，用汉时隶书抄写，称为《今文尚书》。西汉前期，鲁恭王拆毁孔子故宅，发现另一部《尚书》，是用先秦六国时字体书写，称为《古文尚书》。它比《今文尚书》多16篇。

《尚书》中涉及的虞、夏及商代部分文献是据传闻写成，不尽可靠。但多数为殷商、西周时期作品，具有重要的文献价值。体例上，"典"是重要史实或专题史实的记载；"谟"是记君臣谋略的；"训"是臣开导君主的话；"诰"是勉励的文告；"誓"是君主训诫士众的誓词；"命"是君主的命令。其它还有一些以人名、以事、以内容为标题。《尚书》内容丰富，在中国史学、文学、政治学上占有重要地位。如《盘庚》篇记载了商朝中期盘庚迁殷这一重大事件，反映出迁殷的原因、迁殷前后的社会思想状况和商王盘庚迁殷的决心及其对贵族们的反复告诫。《牧誓》篇记载了殷周政权更替之际周武王讨伐殷纣王的经过和气势，写出殷王的暴虐无道和周师的灭殷信念。而《尚书》中的殷商、西周人的记载，又是中国史学上最早的历史典册。与这种典册相关，中国历史上出现最早的史职、史官。《尚书》中的殷商、西周人作品正是这种典册制度和史官职掌相结合的产物。《尚书》中的一些作品还是中国史学的萌芽。如《召诰》反复讲到夏商兴废的历史，指出："我不可不监（鉴）于有夏，亦不可不监（鉴）于有殷。"《多士》讲殷商兴亡之故。《无逸》讲殷商统治者的勤与逸跟"享国"时间长短的关系。这些都是有意识地总结朝代兴衰的历史经验及其对现实的鉴戒作用，对后代史学影响深远。

　　自汉以后，《尚书》一直被视为中国封建社会的政治哲学经典，既是帝王的教科书，又是贵族子弟及士大夫必遵的"大经大法"，在历史上有重要影响。

战国铜塑

战国时代的青铜艺术在造像上有了突飞猛进，使中国雕塑艺术迅速发展。战国时期，由于青铜工艺的分铸、焊接等技术的进步，失蜡法的应用，和错金、银、铜与镶嵌技术的风行，使铜塑有条件追求华美奇巧，出现了许多生动、充满活力的艺术作品。人物铜塑，

战国龟鱼蟠螭纹方盘。为战国青铜器艺术的代表性作品。

主要是用以连接承受器物的人形器座，如洛阳金村出土的几件青铜人形器座，突破呆板，表现出人物活动的瞬间表情。湖北曾侯乙墓的 6 个钟虡铜人是战国人物铜塑的代表作，其武士装束表现得肃穆、刚毅、有力。战国时动物铜塑也达到很高的艺

战国铜马。雄马，仰首端立，竖耳鼓目，鼻孔张大，好像经过强烈活动后停下来正在喘息。

术水平，其代表作有陕西兴平出土的犀尊、江苏涟水出土的卧鹿、河北中山国墓出土的虎噬鹿器座等。犀尊躯体结构准确，充分表现出巨大体量的动物在静止时的内涵力量。卧鹿据考应是青铜镜架，镜悬于鹿

战国镶嵌云纹壶。使用嵌槽涂朱红琉璃的技法，是青铜镶嵌工艺的新技巧。

群雄逐鹿天下

战国铜女孩像。女孩梳双辫，面相丰满。长衣及膝，衣下小裙作襞褶。颈饰贝纹，腰带间佩削及杂饰。双手平举，分持二套筒，头微仰，表情专注。

战国铜人。铜人面部造型丰满，修目阔鼻，口微张，高颧骨，发从前额上分左右向后梳。此像为研究战国时期燕国服饰、制度和铸造工艺提供了重要资料。

战国卧式铜鹿。共二件，一有角，一无角，乃一雌一雄。

角上。但其造型的完整性完全可以作为独立的雕塑作品看。它很好地表现了在静卧中仍然保持警觉的鹿的神态。虎噬鹿器座表现一头猛虎衔住小鹿向前奔驰，有力地表现了兽类在激烈搏斗中迸发出的冲击力量。这些作品反映了作者对于客观对象的敏锐观察与高超的表现技巧。

战国制衡器

春秋中晚期至战国，中国度量衡体系逐渐完善，出现了大量铜制量器。在衡器方面《墨子经说》已提到衡、权，说明衡器可能在春秋时代已有出现。楚国制造了小型衡器——木衡·铜环权，用来称黄金货币，是现存中国衡制最早的代表，完整的一套环权共十枚，大体以倍数递增，分别为一铢、二铢、三铢、六铢、十二铢、一两、二两、四两、八两、一斤，一铢重 0.69 克，一两 15.5 克，一斤

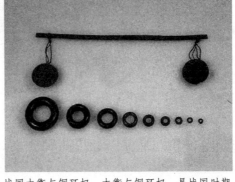

战国木衡与铜环权。木衡与铜环权，是战国时期的一套完整的权衡器，其中铜环权的重量大体以倍数递增。此衡器是从战国时期的天平演变而来，是尺寸和砝码相结合的产物。

251.3 克，十枚相加约 500 克，为楚制二斤。战国时的铜衡杆，正中有拱肩提纽和穿线孔，一面显出贯通上、下的十等分刻线，全长相当于战国的一尺，每等分为一寸，形式既不同于天平衡杆，也有异于称杆，是界乎天平与杆秤之间的一种衡器，现暂称为不等臂天平。它可以把被称物与权放在提纽两边不同位置的刻线上，即把衡杆的某一臂加长，这样，用同一个砝码就可以称出大于它一倍或几倍的重量。这是杆秤的雏型。

战国高奴铜石权。战国时秦铸于高奴。

《禹贡》地理学产生

群雄逐鹿天下

《禹贡》托名大禹，作于战国时代，作者不详，是较早的地理著作，为《尚书》中的一篇，从地理学角度来看，其价值在《山海经》之上。书中假托大禹治水经过，把中国东部按自然条件中的河流、山脉和大海等自然分界，划分为九州。从冀州开始，依次是兖州、青州、徐州、扬州、荆州、豫州、梁州和庸州。同时分别叙述每州的山脉、河流、薮泽、土壤、物产、交通、田赋、民族等情况。《禹

《禹贡》书影。《禹贡》是《尚书》中的一篇，古代著名地理著作。该书打破了当时诸侯割据的政治疆界，假托大禹把全国分为九州，分别叙述了各州的地理概况，并且对黄河、长江两大流域的山川、土壤、物产、贡赋、交通等，作了比较全面的描述。

贡》之所以比《山海经》高出一筹，是因为它不仅仅罗列各种地理事物，而是在划分九州的基础上，萌生了显示自然区划的思想；同时它还用区域对比的方法，反映各州的不同地理景观和地带性的特点；以及对九州的土壤进行了分类。《禹贡》对于当时以黄河为中心的水系网络记述得井然有序，提供了古河道情况的宝贵历史资料。

《禹贡》还有"导山"和"导水"两部分，对于山系和水系的描述明了和准确。"导山"部分从北向南顺序列出了4条山列，自西向东延伸，而且是西部集中，东部分散，正确反映了中国西部多山、东部平坦、西高东低的地形特点。"导水"部分对9条河流的水源、流向、流经地区、汇纳的支流和河口等内容都作了叙述。可以说《禹贡》是中国历史上出现较早、影响很大的一部自然地理考察著作和原始的经济地理著作，也是现存最早的全国性区域志。

战国布纹硬陶双耳钵。陶质坚固，呈黑灰色，火度颇高。大口、宽肩、浅腹平底。外壁拍印细麻布纹。肩部有 S 形附加堆纹，制作规整。这种印纹硬陶钵，在浙江常有出土。

战国青釉兽面三足鼎。广口，窄沿，浅直腹，平底。以印花纹饰，口沿和上腹部均有不规则的带状双圈纹，罩以不匀的青黄色釉。此鼎是仿照青铜鼎型烧制的随葬明器。

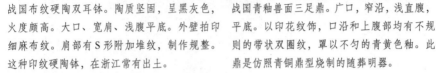

战国陶鼎。泥质灰陶，盖呈深黑灰色，上有三个兽钮。圆浅腹，三兽蹄足。

战国青釉弦纹把杯。青黄色薄釉。遍身饰细弦纹，使单纯的器型增加了精致的美感。

孙膑围魏救赵

群雄逐鹿天下

孙膑是孙武后代，生于阿（今山东阳谷东北）、鄄（今山东鄄城北）之间，曾与庞涓一起学习兵法。庞涓当上魏王的将军，但觉得自己才不如孙膑，害怕孙膑取而代之，便设计陷害孙膑。他召来孙膑，砍掉孙膑的膝盖骨，并在他脸上刺字。齐国使者至魏，孙膑以罪人之身秘密与他相见，向他进行游说。

战国镶嵌云纹承弓器

齐国使者视之为奇人，将他偷偷载到齐国。齐国将领田忌待之如宾客，孙膑亦倍感其知遇之恩。

田忌曾多次与齐国诸公子赌赛马，胜负参半。孙膑见他们的马足力相去不远，而分为上、中、下三等进行竞赛，便鼓动田忌下大注，并授之以制胜之道，用下等马对他们的上等马，用上等马对他们的中等马，用中等马对他们的下等马，比赛结果，田忌一负两胜，获齐王千金之赏。田忌叹服孙膑的才华，向齐威王举荐，齐威王尊之为师。

孙膑任职后，积极出谋划策，很快就为齐国夺取了"围魏救赵"之战的胜利。赵国为兼并土地和扩张势力，曾进攻卫国，迫使其入朝。卫国原来朝于魏，现在改朝赵，魏国当然不甘坐视，遂起兵伐赵，率宋、卫联军包围赵都邯郸。齐威王四年、魏惠王十七年、赵成侯二十二年（前353），赵国向齐求救，齐国以田忌为将、孙膑为军师，率兵驰援。孙膑认为，魏国攻赵，精锐之师一定都在前线，内部必然空虚，如果率兵直捣大梁（今河南开封西北），迫使魏将庞涓回救本国，再在庞涓回兵必经途中，选择有利地形设伏，猝然出击，便可以"一举解赵之围而收弊于魏"。田忌采纳了孙膑的计谋。其时魏将庞涓领兵八万，到达茌丘（今地不详），将围攻邯郸。田忌也带八万齐军，按照孙膑之计，向南进攻处于宋卫之间的战略要地平陵（今山东邹县。一说在今河南睢县），并准备直趋大梁城郊，迫使庞涓回师自救。齐国进攻平陵的两个都大夫的军队在途中大败。孙膑派轻快战车向西直趋大梁城郊，使魏军感到震怒。孙膑又将自己的军队分散，给敌人以兵力单薄的感觉，诱使庞涓怒而轻敌，放弃辎重，用急行军兼程赶来。庞涓率军到达桂陵（今河南长垣县西北）时，孙膑率兵出其不意地袭击魏军取得大胜，并活捉庞涓。此役孙膑采用避实击虚、"攻其所必救"之法，"围魏救赵"，大破魏军，成为著名战例。

楚国座屏

楚国座屏最具代表性者有二，一是战国中期的彩绘透雕漆座屏，一是战国晚期的彩绘透雕四龙漆座屏。彩绘透雕漆座屏 1965 年于湖北江陵望山一号墓出土，木质，高 15 厘米、宽 51.8 厘米、厚 3 厘米。座屏由一扁平的底座和长方形的屏面构成，屏座两端着地，中部悬空。屏面竖嵌屏座之上，镂空透雕多种形态各异的动物。屏面雕刻有凤、鸾、鹿各四只，蛇 17 条；屏座雕刻有大蛇 20 条，青

战国四虎足器座。此件为一器座，四足均作虎形。莲心有缕空透雕的四螭，莲瓣共八枚，排列匀称，上饰云纹。

蛙 2 只，共计动物 51 个。座屏布局谨严，巧妙地利用座屏上、下之部位，使鸾居高临下，似空中向下俯冲，姿态矫健，而蛇在下蜷缩一团。表现了鸟蛇搏斗、鸟胜蛇败的景象。各种动物均以黑漆为地，饰以朱红、灰绿、金银等漆的彩绘。彩绘透雕四龙漆座屏为江陵天星观一号楚墓出土，木质，长 48.8

厘米、高 12.8 厘米。座屏为长方形，下有凸座，屏的左右各有两条透雕的龙，两龙相背。龙作瞪目、吐舌、屈身、蜷爪状。通体髹黑漆，里用红、黄、金三色漆彩绘。屏座上有阴刻卷云纹，屏框及屏中隔木饰三角形卷云纹，龙身满绘条纹，整个造型古朴自然。

战国彩绘透雕四龙漆座屏。湖北省江陵县天星观一号楚墓出土。座屏为木胎、长方形，下有凸形座。屏的左右各有两条透雕的龙，两两相背。龙作瞪目、吐舌、屈身、卷爪状。通体髹黑漆，用红、黄、金色漆彩绘。屏座上有阴刻卷云纹，屏框及屏中隔木饰三角形卷云纹，龙身满绘条纹。

彩漆木雕小座屏。湖北省江陵望山一号战国楚墓出土。小屏风胎木质，通高 15 厘米，长51.8 厘米。框内框上镂刻凤、雀、蛙、鹿、蛇、蟒等动物形象 50 多个。为战国漆器中的精品。

组合数学：河图与洛书

　　河图洛书据传是《周易》八卦的来源，《周易·系辞上》说："黄河出图，洛水出书，圣人以之为准则。"河洛之辞最早见于《尚书·顾命》，后又见于《论

语·子罕》。河图洛书原来只有河图一
个图式，至南宋刘牧而发展出两个图式，
九宫图为河图，五行生成图为洛书。

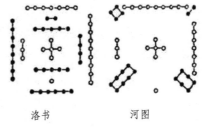

洛书　　　　　　河图

　　河图的数学解释众说纷纭，洛书则
显然是 1 个三阶幻方，其横、纵、对角
线各行三数之和都是 15。据北周甄鸾注
《数术记遗》："九宫者，二四为肩，六八为足，左三右七，戴九履一，五
居中央"，而其数字排列形式已流行于西汉时期的著作中，因此一般认为其
产生的年代不会晚于战国时期，是世界上最古老的三阶幻方，其组合数学的
原理在世界上最早。

商鞅再度变法

　　商鞅第一次主持秦变法取得成功并立下显赫战功，周显王十七年（前
352）秦任命商鞅为大良造，地位相当于中原各国的相国兼将军。为了进一步
巩固秦国的变法成果，加强中央集权，商鞅于周显王十九年（前350）再次变法。

　　"开阡陌封疆"，废除井田制。"开"即开拓；"阡陌"指亩上小田界；
"封疆"是顷田上的大田界，合称为"封"。具体地讲，"开阡陌封疆"就
是把标志土地国有的阡陌封疆去掉，废除土地国有。早在秦秋晚期，晋国六
卿中的赵氏，就已废除井田制，商鞅变法吸收赵氏改革的经验，并加以发展，
在秦国境内正式废除井田制，确认地主和自耕农的土地所有制，在法律上公
开允许土地买卖，并扩大政府拥有土地的授田制度，便利地主经济的发展，
增加地主政权的地税收入。

　　普遍推行县制。商鞅第二次变法以前，县一级的行政机构在秦国某些地
区就已存在。商鞅变法将这一行政机构推行于全国，将原有的乡、邑、聚等
地方组织合并为县，使之成为秦国地方政权的基本组织形式。最初设置的县
有三十多个，其后，随着国土的扩张，又有所增加。每县设县令和县丞，县
令是全县最高行政长官，县丞是县令的助手。此外还设县尉，掌管全县军事。
县制的普遍推行，把地方政权和兵权集中到中央，加强了中央集权的封建统治。

各县的政治制度形态相同，人人都要遵从，奸邪的官吏不敢玩弄花样，接替的官吏不敢更改制度，被罢黜的官吏就不敢掩盖其错误，农民专心垦殖耕作，使秦国立于不败之地。

统一度量衡制度。此前，各地度量衡不一，不便于人们的贸易往来，统一斗、桶、权、衡、丈、尺等度量衡后，地区间的商业往来十分便利，并对赋税制和俸禄制的统一产生了积极作用。

开始按户、按人口征收军赋。这一制度的推行，为秦国强大的军事力量提供了保障。

革除残留的戎狄风俗。商鞅下令革除戎狄风俗，禁止父子兄弟同室居住。秦国西南和西北都是少数民族居住区，秦在统一少数部族地区的同时，也受到戎狄风俗的影响。为了加强秦王朝的封建统治，商鞅按照中原民族的风尚、习俗改革秦的社会风俗。

迁都咸阳。秦国原来的国都栎阳位于关中平原的中部，对魏作战比较有利，而今河西地区已被秦收复，斗争的中心由河西地区转移向函谷关以东，如仍都栎阳，则以向东发展。咸阳南临渭河，北依高原，地处秦岭怀抱，既便于往来，又便于取南山之产物。如浮渭而下则可直入黄河，终南山与渭河之间就是通往函谷关的大道，水陆交通十分便利，可谓"据下之上游，制天下之命者"。所以，秦徙都咸阳，不论在经济上还是从战略上，都具有重大意义。咸阳城规模宏大，城内建筑有南门、北门、西门，由商鞅监修的咸阳宫在城内，是由众多的宫殿连接而成的宫殿群，豪华瑰丽。

这次变法同样获得了巨大成功，秦的国力在变法之后继续上升，为秦统一六国创造了条件。

申不害改革

申不害是郑国京（今河南崇阳东南）邑人，周显王十八年（前351）任韩昭侯相。他任韩相期前，韩国的政治局面比较混乱，晋的旧法尚未停息，韩的新法已产生；已故之君的召令尚未收回，新任之君的召令已经下达。申不害主要针对这种状况提出了他的改革措施。他主张：国君要能够掌握生杀予夺的大权，按才能授官职，按官职考核臣仆是否称职；臣仆则要做到不在其位不谋其政。君臣间由此形成一种本与末、纲与目的关系。对百姓，他主张无为而治。

申不害这种尊君重权的思想来源于战国时期的黄老学派而归本于法家。他特别重视"术"的阐发和运用，与商鞅重"法"、慎道重"势"有所不同。通过他的改革，韩国内修政治，外应诸侯，国治兵强，成为与齐、楚、燕、赵、魏、秦并雄的七国之一。

战国金银器皿

战国时代，金银器皿制造工艺发展迅速，金银日用品和装饰品成为贵族和上层社会生活的重要组成部分。中原地区的金银皿，主要发现于洛阳金村周墓。这里是战国末期周王及其附属臣属的墓葬。出土的金银器皿包括银杯三件，银盒三件，银铫二件，银匜一件。在长江流域，则以湖北随县曾侯乙墓出土的黄金器皿为代表，包括金盏（碗）、金匕、金杯各一件，金器盖二件。

曾侯乙墓出土的金盏高 10.7 厘米，口径 15.1 厘米，重达 2150 克，是目前已知的先秦金器中最大最重的。盏身为直口、浅腹、圆底，腹外有两个对称的环耳，底部有三个倒置状的凤形足。盏盖圆顶中心有一圆形提手，盖沿有三个等距离的外卡，与碗口正好扣合。盏身、盏盖面铸有精细的蟠螭纹和云纹。此盏为曾侯乙墓出土金器中之精品，代表这一时期贵金属工艺的成就。

金匕匕身为圆形，镂孔作变异龙纹，方柄，素面，通长 13 厘米，重为 56.4 克。金杯为方唇敞口，束腰平底，腹上部有两个对称环耳，带盖，通体素面。杯高 10.65 厘米，口径 8.1 厘米，重 789.9 克。金器盖二件，未见器身，一大一小，圆拱形，盖面以麻点纹为地纹，饰数周花纹。大盖通高 2.5 厘米，直径 9.5 厘米，重 372.65 克。小盖通高 2.2 厘米，直径 7.5 米，重 157.35 克。

同时期还有出土于安徽寿县的楚王银匜，银匜高 4.9 厘米，口径 12.5 至 11.8 厘米，重 100 克。银匜体呈瓢形，无足，通体光素，在匜流下腹部刻有"楚王室客为之"六字，匜的外部底上刻有"室客"三字，笔画极为纤细秀丽。
银匜是招待宾客宴饮时的酒器。

战国金盏、金勺。盏、勺均铸造而成。勺端镂空云纹。盏盖为方唇、折沿，圆顶上附以环式提手。盏身为直口、浅腹、圆底。腹外有两个对称的环状耳，底部有三个倒置状的凤形足。盖及盏腹铸有精细的蟠螭纹和云纹，此盏为曾侯乙墓出土金器中之精品，也是现知先秦时期金器中最大最重的一件容器类制品，代表了这一时期贵金属工艺的成就与特点。

战国楚王银匜。在匜流下面腹部刻有"楚王室客为之"六字，匜的外部底上刻有"室客十"三字，笔画极为纤细秀丽。

战国交龙金带钩。此带钩用铸造、透雕和剔刻等技法制作而成。钩端为一兽头，钩柄阴刻两条夔龙，钩身透雕成兽面形，原嵌有黑色料珠。

战国银虎。虎体浑圆，中空，颈粗短，臀部高起，四肢粗壮有力。在注立的静体之中，隐含着凶暴的野性和准备奔跑的动态。双肩及前肢饰凸条斜纹，鼻部及尾各有一道凸楞纹。为匈奴族文物。

秦收复河西之地

　　河西地区（今山西、陕西两省间的黄河南段以西，陕西境内的北洛水以东地区）一直是秦魏两国争夺的焦点，从周威烈王七年（前419）起，此地已几易其手。魏在李悝的改革下不断强大，周威烈王十八年（前408），魏国尽取河西之地，迫使秦国退守洛水。经过商鞅变法，秦国迅速强盛起来，遂向魏讨河西之地。周显王十七年（前352），大良造（相当于中原各国的相国兼将军）商鞅率兵围安邑（今山西夏县西北），安邑降秦。次年，商鞅又率军攻魏之固阳（今地不详），迫使固阳归秦。秦因此越过洛水，收复了前408年魏夺走的部分河西之地。

350 ～ 341 B.C.

战国

349 B.C. 周显王二十年

秦初置秩史。商君之法，斩一首者爵一级；爵凡二十等。

348 B.C. 周显王二十一年

秦初为赋。

赵肃侯与魏君遇于阴晋。

345 B.C. 周显王二十四年

魏败韩于马陵。

344 B.C. 周显王二十五年

魏惠王会诸侯于逢泽，率诸侯朝周天子；天子致伯，诸侯毕贺。

刻有是年铭文的秦国商鞅量，亦称商鞅升方，为我国现存最早的度量衡标准器。

343 B.C. 周显王二十六年

齐田盼、田婴、孙膑大败魏师于马陵，杀庞涓，虏太子申。

342 B.C. 周显王二十七年

五月齐田盼及宋人攻魏东鄙，围平阳。

魏王攻商鞅，魏师败绩。

341 B.C. 周显王二十八年

齐城济阳。秦封商鞅于邬。

348 B.C.

马其顿战败卡尔客狄客诸邦，其地遂尽落于马其顿之手。

347 B.C.

柏拉图卒。

346 B.C.

马其顿战胜福西斯，福西斯投降，马其顿毁其城。

马其顿与雅典议和，根据此约，雅典丧失其北方之领地，但雅典人之殖民地则除外。

345 B.C.

波斯恢复在埃及之统治。

342 B.C.

希腊喜剧作家米南德生。

341 B.C.

雅典在政治家提摩斯西尼斯之领导下与拜占廷等邦缔结同盟，共抗马其顿。

商鞅诱捕魏公子卬

马陵之战后，秦大良造商鞅分析了天下大势，认为由于魏国一度强大，攻占原属秦国的河西地区，秦国已失去黄河天险，直接受到魏国威胁，难以向中原地区发展，因此魏国是秦国心腹之患，秦国要图强称雄，必先伐魏。如今魏国刚遭马陵之败，国力受损，诸侯反叛，这正是秦国收复失地、削弱魏国、谋求向中原扩展的有利时机。于是，商鞅劝说秦孝公伐魏，以便倚据黄河、崤山之险，向东扩张，成就帝王之业。秦孝公采纳其说。周显王二十九年（前340），秦孝公派商鞅率兵伐魏。魏国使公子卬将兵迎战。商鞅早年仕魏，与公子卬友善，因此决定利用这一关系，设计诱擒公子卬，以破魏军。他致书公子卬说："我与你原来交好，如今领兵对敌，不忍相攻，愿与你相见会盟，畅饮而罢兵，以安秦、魏之民。"

战国金链舞女玉佩。以金链贯玉舞女及璜、管、冲牙等组成佩饰。舞女二人并立，左右对称。是战国玉饰中最精美的代表性作品。

公子卬认为可行，便前往赴会。商鞅事先埋伏了甲士，会盟饮酒时，使伏兵袭击，俘获公子卬。秦军随即发起攻击，大破魏军。魏国在与齐、秦的两次交战中，

俱遭惨败，国力空虚，魏惠王极为恐惧，派使者献部分河西地，与秦媾和。

商鞅大败魏军，战功显赫，被秦孝公封于邬，后改名为商（今陕西商县商洛镇）。商鞅原叫卫鞅，号商君，其后又称商鞅。

魏惠王称夏王

周显王十三年（前356），鲁、宋、卫、韩等国朝魏。周显王十八年（前351），魏归还邯郸给赵，并迫赵与自己结盟，强迫泗上诸国朝令，全力西向以拒秦，魏国慢慢强大。

周显王二十五年（前344），魏国试图以朝见周天子为名，邀集宋、卫、邹、鲁等小国会盟，并联合攻秦。在秦国，商鞅认为秦的国力尚难与之相抗，建议秦孝公尊魏为王，以此麻痹对方。秦孝公接受了商鞅的建议，并派他去游说，说服魏惠王除号令宋、卫、邹、鲁等小国以外，北面要争取燕国，西面要争取秦国。商鞅利用魏君一心想称王的心理，劝他不如先行王服，然后图齐、楚。魏惠王果然中了商鞅的缓兵之计，取消了进攻秦国的计划，去做称王的准备。他"广公宫，制丹衣，旌建九旒，从七星之旗"，"乘夏车，称夏王"，俨然以天子自居。不久，魏惠王约集宋、卫、邹、鲁等小国到逢泽（今河南开封市南）会盟，秦国也派公子少官前往参加。会上，魏惠王自称为"王"。会后他带领其他国君去朝见周天子。

齐魏马陵之战

周显王二十七年（前342），韩魏长期交战，双方均已精疲力尽。齐威王决定以田忌、田婴为将，孙膑为军师，起兵伐魏救韩。魏惠王则派太子申、庞涓为将，率领十万大军前来迎战，孙膑调虎离山，直向魏都大梁进军。魏国主将庞涓闻讯后，立即把军队从韩国撤回，此时齐军已进入魏国国境。孙膑认为魏国军队一向强悍勇敢，轻视齐国，他建议田忌利用敌人的骄傲，采用减灶之计，诱敌上当。田忌赞同孙膑的分析，并决定采用他的策略，与魏决一死战。庞涓率军撤回魏国，并加速追赶齐军。当追到齐军第一天扎营之地时，发现齐军营寨占地很大，从齐军做饭的炉灶数推测，齐军人数约有十万左右。当追到齐军第二天扎营之地时，发现营地已缩小，炉灶也减少，推算齐军已由十万减少至五万人左右。当他追到齐军第三天扎营之地时，发现营地更加缩小，炉灶也大为减少，估计此时齐军只剩三万人左右。庞涓大为高兴，断言齐军胆小，不敢战斗，进入魏境不过三天，士兵就已减少一半以上。于是他舍弃一部分军队，亲自率领精锐之师加紧追击。魏军日夜兼程，一直追到马陵（今山东范县西北）。此地两旁地势险要，中间道路狭窄。孙膑在此早已设伏。庞涓率军进入马陵道时，正值傍晚时分，他隐隐约约看见路旁大树之下有一木牌，便命士兵点燃火把，只见木牌上面写着"庞涓死于此树之下"，他大惊，知道中孙膑之计，连忙率军撤退。但埋伏在两旁的齐军已万箭齐发。魏军猝不及防，人慌马乱，顿时被齐军击散。庞涓见寡不敌众，失败已成定局，拔剑自刎。齐军乘胜追击，将魏军彻底打垮，并俘虏魏太子申，魏军遭到前所未有的惨败。

　　马陵之战是中国军事史上杰出战役之一，是孙膑兵法中的代表作。

《孙膑兵法》成

　　战国中期孙膑及其弟子们写下一部中国古代著名的兵书，即《孙膑兵法》，古称《齐孙子》。

　　该书继承并发展了《孙子兵法》等书的军事思想，总结了战国中期及其以前的战争经验，在战争观、军队建设和作战指导上都提出了许多有价值的观点和原则。

　　在七国纷争的战国时代，战争必不可少且对一个国家的盛衰起着重大影响。孙膑认为"战胜而强立，故天下服矣"，否则就会"削地而危社稷"。这种思想是符合当时争雄的客观实际的。

群雄逐鹿天下

在军队建设上，此书提出首要的问题是"富国"，一个国家只有富裕充足了，"强兵"也就有了可靠的基础与保障。关于强兵，它重视训练、法制和将帅条件。提出"兵之胜在于纂（选）卒，其勇在于制"，即士兵要严格挑选，严格训练，有良好的组织编制，做到赏罚严明，令行禁止。对于将帅的看法，它认为他不但要具备德、信、忠、敬等品质，更应善于用兵之道，即要"破强敌，取猛将"。

在作战指导上，强调要"知道（取胜之道）"，认为"安万乘国，广万乘王，全万乘之民命者，唯知道"。《孙膑兵法》一书把孙武所说的"道"加以发展，把它看作是战争的客观规律。所谓"知道"，具体总结地说就是"上知天之道，下知地之理，内得其民之心，外知敌之情，

孙膑像。孙膑是战国时齐国著名军事家，是孙子之后中国历史上又一位战争谋略大家。

阵则知八阵之经。"强调创造有利的作战态势，即所谓的"孙膑贵势"（《吕氏春秋·不二》）。孙膑发展了孙武"我专而敌分"的理论，提出了以寡胜众，以弱胜强的战法。这在齐魏马陵之战中和历史上有名的"围魏救赵"中，得到了充分体现。他还主张"必攻不守"的战略不以防御为主，重视攻取城邑和阵法的运用。

孙膑兵法早有著录，《汉书·艺文志》载："《齐孙子》八十九篇，图四卷。"其后失传，不过在《史记》、《通典》等古籍中仍然保存了少量佚文。1972 年 4 月，山东临沂银雀山汉墓出土了一批孙膑论兵的竹简，经过整理、注释，编纂为《孙膑兵法》，共 364 简，11000 余字，分上下两编，各 15 篇。这些出土竹简为了解《孙膑兵法》原稿提供了珍贵材料。